한 권으로 끝내는
KPI 실무 노트

한 권으로 끝내는
KPI 실무 노트

모든 조직과 직장인을 위한 성과관리의 기술

최정욱 지음

KEY PERFORMANCE INDICATOR

HR의 전 영역을 연결하는 하나의 시작, KPI
업무 생산성과 몰입도를 한 번에 끌어올릴 궁극적 성장 전략

현익미디어

시작하며:

관리자와 구성원이 함께 읽는 KPI 가이드북

　최근 성과 관리는 단순한 결과 평가를 넘어 업무 수행 과정을 총체적으로 평가하려는 움직임으로 확대되고 있습니다. 구성원에게 단순히 평가 등급을 제시하는 것이 아니라 기술적Descriptive인 피드백을 함께 제공하려는 노력이 확산하고 있으며, OKR을 통해 기업의 본질적인 목표 달성을 위한 핵심 지표를 구축하는 데 주목하고 있습니다. 이처럼 현재 성과 관리의 '메가트렌드Megatrend'는 결과만을 도출하기 위한 기계적인 평가에서 벗어나, 정성적·과정 중심적·본질적인 관점을 지향하며 유연성을 추구하는 것이라고 볼 수 있습니다.

그러나 이러한 변화가 모든 기업에서 일어나고 있다고 단정하기는 어렵습니다. 미국 실리콘밸리 테크 기업 혹은 국내 유수 선도 기업의 경우, 다년간의 평가 운영 노하우와 인적 자본이 충분하며, 현장 HRBP_{HR Business Partner}로부터 적시에 도움을 받을 수 있는 환경이 조성되어 있는 등 평가 제도 운영을 위한 내부 역량이 충분하다고 할 수 있습니다. 반면에, 국내 기업 생태계의 대다수를 차지하는 중소·중견기업 현장에서는 최신 평가 제도를 설계하고 운영하기에 제도적·역량적·문화적인 한계가 분명히 존재합니다.

노무사이자 경영컨설턴트로 활동하며 기업 현장에서 이러한 한계를 직접 확인할 수 있었습니다. 중소·중견기업의 경영진과 인사 담당자 대부분은 HR 메가트렌드에 대한 학습과 적용은커녕 평가 관리를 위한 기본적인 체계조차 갖추지 못한 현실에 대해 고충을 토로합니다.

실제로 현장에서 성과 관리 트렌드를 소개하면, 상당수는 "아직 우리 수준에는 이른 개념이다", "시기상조다"라며 주저하는 반응을 보입니다. 충분히 공감하는 부분입니다. 성과를 제대로 평가해 본 경험과 기준이 없는 상태에서 업무 수행 과정을 관찰하고 건설적인 피드백을 논하기는 다소 어려운 일일 것입니다. 마찬가지로 업무에 대한 뚜렷한 정의와 기능에 대한 이해, 실현을 위한 구성원의 핵심적인 역할에 관해 고민해 본 적이 없다면 업무의 본질을 측정하는 기준을 수립하는 것 역시 어려울 것입니다.

이러한 이유로, 최신 HR 트렌드를 학습하고 적용하기에 앞서 성과 관리의 기본이 되는 'KPI 체계'를 수립하고 운영해 보는 경험이 반드시 필요하다고 확신합니다. KPI를 통해 핵심 성과 지표를 도출하고, 이를 정량화할 수 있는 산식과 평가 기준을 설정하며, 운영 과정에서 발생하는 오류를 개선하는 활동은 곧 성과 관리를 위한 조직의 내부 역량을 축적하는 훈련이 될 것입니다. 이러한 내부 역량이 잘 쌓여야 비로소 체크인Check-in과 피드백, OKR처럼 본질적이고 유연한 방식의 성과 관리 체계로 전환 가능한 기본적인 필요조건이 충족되었다고 볼 수 있습니다.

이 책은 관리자에게만 국한된 지침서가 아닙니다. 오늘날의 조직은 구성원 개개인에게도 직접 성과 지표 수립에 참여하고 자신만의 성과 단위를 스스로 설계할 것을 요구하므로, 구성원 역시 성과 관리 체계를 알아야 합니다. 특히 새로운 세대의 의견을 반영하려는 흐름이 강해지고 있는 만큼, 구성원들도 KPI를 명확히 이해하고, 어떻게 달성 가능한 목표를 수립할 것인지 학습과 고민을 할 필요가 있는 것입니다.

따라서 이 책은 KPI 수립이 막막한 직장인들을 위한 실천적 교본입니다. KPI 설계의 원칙과 구조, 다양한 산업과 직무별 사례를 체계적으로 제공하고, 노무사이자 경영컨설턴트로서의 실무 경험을 바탕으로 한 노무 관리 포인트까지 함께 제시함으로써 실질적 도움을 드리고자 합니다.

최정욱

목차

시작하며: 관리자와 구성원이 함께 읽는 KPI 가이드북·················5

1부
KPI를 설계하기 전에
반드시 알아야 할 것들

1장 KPI 시스템의 이해·················17
숫자로 성과를 말하려 한 인간의 역사·················17
모든 지표가 KPI는 아니다·················19
잘못된 KPI 관리 사례·················22

2장 KPI에 관한 오해와 진실·················29
첫 번째 오해, KPI는 많을수록 좋다?·················31
두 번째 오해, KPI는 반드시 BSC 관점에서 도출되어야 한다?·················33
세 번째 오해, KPI는 무조건 수치로 정량화되어야 한다?·················37

네 번째 오해, KPI는 한 번 설계하면 손댈 필요가 없다? ···················· 39
다섯 번째 오해, KPI는 결과만을 강조하는 지표이다? ······················ 41

3장 KPI의 유형별 구분 ···················· 47
단위에 따른 구분 ·· 47
단계에 따른 구분 ·· 50

2부
KPI를 설계하고 운영하는 방법

4장 전략 KPI와 직무 KPI ···················· 59
전략 KPI 도출 방법 ·· 62
직무 KPI 도출 방법 ·· 69

5장 KPI 설계의 핵심 요소 ···················· 79
핵심 지표 선별 ·· 79
산식 설정 ·· 86
가중치 부여 ·· 89
KPI 관리 양식 작성 ·· 94

6장 KPI 운영법 ···································· 99
정량적 지표의 운영법 ································ 100
정성적 지표의 운영법 ································ 103

3부
사례로 보는 KPI

7장 제조업 사례 ···································· 115
자동차 산업 ·· 115
반도체 산업 ·· 123
제약/바이오 산업 ··································· 130
첨단 소재 산업 ····································· 136
ODM 산업 ··· 141

8장 F&B 산업 사례 ································· 149
F&B 제조 산업 ····································· 150
F&B 유통 산업 ····································· 156

9장 IT 산업 사례 ··································· 163
IT 서비스 산업 ····································· 163

IT 제조 산업 ·· 169

10장 　 금융 산업 사례 ·· 177
은행권 ··· 177
증권/투자금융 ··· 182

11장 　 서비스 산업 사례 ······································ 189

12장 　 공공기관 사례 ·· 197

13장 　 직책에 따른 KPI ······································ 205
관리자 KPI ·· 206
실무자 KPI ·· 208

14장 　 직군에 따른 KPI ······································ 213
영업/마케팅 ··· 213
연구 개발 ·· 214
생산/생산관리 ··· 215
IT(개발/운영/보안) ·· 216
재무/회계 ·· 217
구매 ··· 218
인사/총무 ·· 219
품질 관리 ·· 220
CS(고객지원) ·· 221

물류/SCM ·· 222
전략/기획 ·· 223

4부
HR과 성과 관리의 미래

15장 HR 메가트렌드 ·································· 229
OKR의 등장 ·· 230
과정 중심 평가의 가미 ·· 231
메가트렌드 실현을 위한 초석으로서의 KPI ························· 233
스킬 세트 기반의 역량 관리 ··· 234

16장 新 제도 도입을 위한 노무 관리 포인트 ········ 239
취업규칙 불이익변경 이슈 ··· 239
노동법상 차별 이슈 ·· 240
핵심 인재와 저성과자 관리 이슈 ······································· 241
통상임금 및 평균임금 이슈 ·· 243
노란봉투법에 따른 교섭 의무 이슈 ···································· 244
노무 리스크 진단 체크리스트 ··· 245

마치며 ··· 250

Chapter 01

KPI를 설계하기 전에 반드시 알아야 할 것들

1장

KPI 시스템의 이해

숫자로 성과를 말하려 한 인간의 역사

KPI라는 용어는 비단 경영자나 인사 담당자가 아니더라도 조직 생활을 경험해 본 직장인이라면 한 번쯤 들어보았을 것입니다. 하지만 단어의 익숙함과 달리 KPI가 무엇의 약자인지, 어떤 의미인지, 그리고 왜 필요한지를 정확히 이해하는 경우는 많지 않습니다.

KPI는 현대에 들어 더욱 체계화된 개념이지만, 성과를 수치로 관리하려는 시도 자체는 오래전부터 존재해 왔습니다. 고대 이집트에는 피라미드 건설을 위한 작업량과 투입 자원을 관리하는 기준이 존재했고, 중국 당나라 시대에는 관료의 업적을 평가하기 위한 기준이 일부 정립되어 있었습니다. 산업혁명 이전의 중세 유럽도 장인의 생산성과 품질을 평가하기 위해 일정한 기준을 활용하였습니다. 이는 모두 작업자의 업무 성과를 정량화하려는 노력의 일환이었다고 볼 수 있습니다. 즉 현대 이전에도 조직은 늘 소속된 구성원이 행하는 업무의 양과 질을 정량적으로 측정하려 했으며, 이를 다양한 형태의 지표로 정립하고자 시도했다는 점을 알 수 있습니다.

현대적인 KPI 개념은 산업혁명을 거치며 본격적으로 발전하게 됩니다. 대표적으로 테일러Frederick Taylor의 과학적 관리법은 작업 단위 및 동작 분석, 시간 기록을 통해 노동자의 생산성을 구체적으로 측정하는 방식을 정립하였습니다. 이 과정에서 분업, 표준화, 수치화된 관리 개념이 대두되었고, 이는 이후 KPI 도입의 기틀로 기능하게 됩니다. 이어서 헨리 포드Henry Ford는 컨베이어 시스템을 도입하며 생산 속도, 불량률 등의 정량 지표를 체계적으로 관리했고, 이는 현대적 의미의 KPI 체계로 이어지는 결정적 기반이 되었습니다.

모든 지표가 KPI는 아니다

●

이제 KPI의 개념을 좀 더 구체적으로 살펴보겠습니다. KPI란 'Key Performance Indicator'의 약자로, 말 그대로 핵심 성과 지표를 의미합니다. 단어 그대로 해석하면 '성과를 측정하는 지표'이지만, 여기서 중요한 점은 '모든 성과'가 아닌, 조직이 전략적으로 중요하게 여기는 '주요 성과'에 초점을 맞춘 지표라는 점입니다.

이에 따라, KPI의 개념을 이야기할 때에는 반드시 짚고 넘어가야 할 두 가지 포인트가 있습니다. 첫째, KPI는 '모든' 지표가 아니라 '핵심적인' 지표만을 의미합니다. 즉, 수많은 활동과 지표 중에서도 조직이 전략적으로 중요하다고 판단한 소수 지표만 KPI로 채택됩니다. 둘째, KPI는 성과를 측정하는 지표이지, 구성원의 태도나 역량과 같은 특성 자체를 평가하는 지표는 아닙니다. 예를 들어 '신제품 출시 건수', '매출 성장률'과 같이 명확하게 결과가 드러나는 수치는 KPI를 통해 측정할 수 있지만, '책임감'이나 '협업 태도'와 같은 추상적이고 주관적인 요소는 KPI의 영역에서 다루지 않습니다. 이 두 가지 포인트만 정확히 알아도, KPI의 절반은 이해한 것이나 다름없습니다.

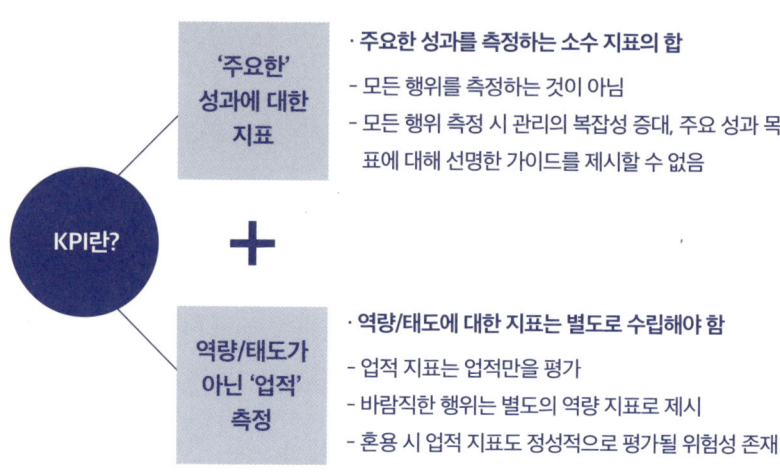

　실제로 중소 및 중견기업을 대상으로 컨설팅을 수행하며 확인한 바에 따르면, 이 기본 개념이 제대로 정립되지 않은 상태에서 KPI를 도출하고 운영하는 경우가 상당히 많습니다. 소수의 핵심 지표만을 설정해야 함에도 불구하고 구성원이나 부서가 수행하는 거의 모든 업무를 일일이 지표화하거나, 성과 대신 역량·태도·상급자의 주관적 판단 영역을 KPI로 설정해 본래의 취지를 왜곡하는 사례가 대표적입니다.

　KPI의 핵심은 '정량화'와 '측정 가능성'입니다. 즉 KPI는 소수의 핵심 업적을 정량적이고 구체적으로 측정하는 도구로서 해당 분야의 성과를 집중적으로 관리하는 데 유용성을 발휘해야 합니다. 따라서 KPI에는 기본적으로 측정의 단위(진척률, 수행 건수, 목표 달성액 등)가 존재하며, 그것을 측정하는 세부적인 산식Formular이 함께 정의됩니다.

다만, 정량화에만 집착할 경우 오히려 현실과 괴리된 지표가 만들어질 수 있으며, 이로 인해 성과의 진정한 의미가 왜곡될 수 있다는 점도 주의해야 합니다. 예컨대 인사 관리자의 주요 성과 지표로 '건전한 조직문화 조성'을 설정한 경우 건전한 조직문화 조성을 위해 어떤 노력을 하였는지에 대한 정성적인 평가가 함께 이루어져야 합니다. 그러지 않고 단순히 '조직문화 서베이 건수', 혹은 '전 직원 서베이 평균 점수'와 같이 정량적인 지표만을 활용할 경우, 인사 관리자가 조직문화 개선을 위해 노력한 전반적인 과정을 평가하지 못합니다. 또한, 점수를 지나치게 후하게 또는 박하게 주는 편향 현상 등이 발생하면 평가 대상자가 평가 자체를 신뢰하지 못하고 의욕이 저하될 수 있습니다.

또한, KPI는 누가, 어떤 관점에서 도출하느냐에 따라 크게 두 가지로 구분됩니다. 첫째는 '전략 KPI'로, 조직의 전체 전략을 달성하기 위한 핵심 지표이며, 보통 경영진이 설정하는 탑다운Top-down 방식으로 설계됩니다. 둘째는 '직무 KPI'로, 각 부서나 구성원이 일상적으로 수행하는 업무를 기준으로 도출되는 바텀업 Bottom-up 방식의 지표입니다. 전략 KPI는 전체 방향성과 연계되며, 직무 KPI는 실무 단위에서의 성과 수준을 측정합니다. 두 지표가 상호 보완적으로 활용될 때 조직 내 KPI 체계가 더욱 안정적으로 정합성을 갖춰 작동할 수 있습니다.

잘못된 KPI 관리 사례

●

제조업을 영위하는 중견기업 A는 BSC 관점(BSC에 대해서는 뒤에서 자세히 설명하겠습니다)에 따라 4개 영역으로 KPI 지표 풀Pool을 도출한 후, 이를 각 담당 조직에 배정하여 운영하였습니다. 그 결과, 한 조직당 일반적으로 10개 이상의 KPI가 매핑되었으며, 과도한 지표 수로 인해 운영상 비효율과 피평가자의 혼란을 유발하게 되었습니다.

중견기업 A의 잘못된 KPI 사례

재무적 관점	고객 관점	내부 프로세스 관점	학습과 성장 관점
경영 성과 개선 방안 도출	국내외 시장 분석	제품 생산성 향상	교육 니즈 충족도
경영 성과 적시 보고	고객 기술 지원	납기 준수율	교육 훈련 만족도
경영 전략 달성도 (재무, 투자)	고객 만족도 조사 평가 점수 달성률	검사 판정 미스율	법정 이수 교육
국내 시장 점유율 확대	신규 거래처 확보	재고자산 회전기간 단축	핵심 인재 유지
회계 결산 일정 준수	신규 고객 영업 정보 수집	적정 재고 유지	직무 전문가 양성 수
목표 절세 달성률	고객 물품 인도 적시성	ERP 프로세스/ 시스템 개선	교육 만족도
결과 보고 일정 단축	고객 불만 접수에 대한 당일 처리 준수율	비용 절감 방안 제안	면담 진행률
미수금 회수 건수	고객 불만 접수 건수	월별 보안 점검 여부	재직자 교육 과정 기획
⋮	⋮	⋮	⋮

일반적으로 KPI는 아무리 많아도 8개를 넘지 않는 것이 바람직하며, 이상적으로는 5~6개 수준에서 운용하는 것이 좋습니다. 부여받은 KPI 수가 많아질수록 구성원이 핵심 성과와 무관한 부수적인 업무에 역량을 낭비하게 될 위험성이 있으며, KPI를 세부적으로 뜯어보면 유사한 성과를 측정하고 있어 지표 간 통합이 가능한 경우가 상당수 존재하기 때문입니다. 따라서 KPI 설계 시에는 단순히 업무 항목을 나열하기보다, 핵심 성과에 대한 집중도와 운영 효율성을 함께 고려해야 합니다.

소기업 A의 잘못된 KPI 사례

구분	평가 요소	평가 기준	1차 평가	2차 평가
업적	업무의 질	담당 직무에 적극성을 띠며 스스로 효율성을 개선한다.		
	업무 처리량	해당 직무를 잘 이해하고 있으며 업무의 순서와 완급을 파악한다.		
	성과 창출	적극적이고 도전적인 업무를 계획하고 추진하며 매번 기대 이상의 성과를 창출한다.		
능력	정보 수집력	최신 정보 활용으로 업무의 질을 높인다.		
	통계 능력	통계치에 대한 전망 및 예측을 신뢰할 수 있다.		
	업무 지식	소관 업무에 정통한 지식을 가지고 업무를 처리할 수 있다.		
	...			

	적극성	창의적이고 적극적인 업무 수행으로 업무 성과를 높인다.		
태도	내부 고객 만족	항상 친절한 태도와 합리적인 업무 추진으로 맡은 바 책임을 다한다.		
	주인 의식	회사의 모든 일을 자기 일처럼 생각한다.		

중견기업 B의 잘못된 KPI 사례

	평가 항목	내용	가중치
일반관리	조직 공헌도	* 업무의 스타일이 조직에 미친 영향은 어떠합니까? * 업무의 형태가 현실적으로 판단할 때 실무에 적극적으로 반영되고 있습니까?	20
	업무 개선 실적	* 담당 업무를 수행함에 있어 개선 실적은 어느 정도입니까? * 과거 업무를 답습하지 않고 문제점을 파악해 항상 개선하려는 지속적 노력을 하고 있습니까?	20
	안전 관리도	* 작업장 내 안전 유지를 위해 노력하고 위험 시설 근처에서 안전 수칙을 항상 준수합니까? * 안전 관리 관련 교육 내용의 숙지와 안전 관리를 고려한 근무 자세가 확립되어 있습니까?	20
	업무 정확도	* 부여된 업무를 충분히 이해하고 정확하게 추진하였습니까? * 업무 추진에 있어서 유사한 오류가 반복적으로 발생하지는 않았습니까?	20
	업무 노력도	* 부여된 업무의 수행을 위하여 최선의 노력을 다하였습니까? * 원활한 업무 수행을 위해서 정보의 수집, 분석, 활용을 지속적으로 하고 있습니까?	20

생산관리	조직 공헌도	* 업무의 스타일이 조직에 미친 영향은 어떠합니까? * 업무의 형태가 현실적으로 판단할 때 실무에 적극적으로 반영되고 있습니까?	20
	업무 개선 실적	* 담당 업무를 수행함에 있어 개선 실적은 어느 정도입니까? * 과거 업무를 답습하지 않고 문제점을 파악해 항상 개선하려는 지속적 노력을 하고 있습니까?	20
	안전 관리도	* 작업장 내 안전 유지를 위해 노력하고 위험 시설 근처에서 안전 수칙을 항상 준수합니까? * 안전 관리 관련 교육 내용의 숙지와 안전 관리를 고려한 근무 자세가 확립되어 있습니까?	20
	업무 정확도	* 부여된 업무를 충분히 이해하고 정확하게 추진하였습니까? * 업무 추진에 있어서 유사한 오류가 반복적으로 발생하지는 않았습니까?	20
	업무 노력도	* 부여된 업무의 수행을 위하여 최선의 노력을 다하였습니까? * 원활한 업무 수행을 위해서 정보의 수집, 분석, 활용을 지속적으로 하고 있습니까?	20

위의 두 사례는 정량적 지표와 정성적 지표를 구분하지 않고 모든 KPI를 한 개의 평가표에 통합 적용해 종합 점수를 산출하는 오류를 보여 줍니다. 이처럼 정성 평가와 정량 평가를 구분하지 않고 단일한 표로 평가를 시도할 경우, 평가의 타당성과 결과의 설득력이 크게 훼손될 수 있습니다.

비록 관리 체계가 다소 복잡해질 수는 있으나, 역량 평가 지표와 업적(성과) 평가 지표는 반드시 분리하여 관리해야 합니다. 각각의 지표 그룹에 대해 별도의 종합 점수를 산출함으로써 성과 평가에 평가자의 임의성이 개입될 여지를 최소화할 수 있으며, 구성원에게 더 명확하고 정교한 피드백을 제공할 수 있습니다.

또한, 업적과 역량은 측정 목적 자체가 다르다는 점을 이해해야 합니다. 업적은 과거의 실질적 결과를 측정하는 반면, 역량은 미래의 잠재력과 성장 가능성을 가늠하기 위한 지표입니다. 따라서 이 두 영역은 피드백 방식과 활용 목적 자체가 다르므로 별도로 나누어 관리·운영하는 것이 타당하며, 그래야만 평가의 신뢰성과 효과성을 확보할 수 있습니다.

2장

KPI에 관한 오해와 진실

경영진과 인사 담당자들은 다음과 같은 실무적인 고민을 토로합니다.

> "KPI를 도입했음에도 불구하고 회사의 전략 방향성과 목표가 개별 구성원에게까지 명확히 전달되지 않습니다. 그로 인해 구성원들이 하나의 방향으로 움직이지 못하고 각자 따로 행동하는 것 같습니다."

> "형식적으로는 KPI를 체계적으로 도출했다고 생각했지만, 실제 운영 단계에 돌입하니 구성원들이 지표에 대해 납득하지 못하고 수용성이 매우 낮습니다."

> "KPI 이행 상황을 점검하고 어려움이 무엇인지 파악하여 조율하는 것이 리더의 역할인데, 정작 리더들은 성과 관리의 중요성을 인지하지 못하거나 필요성을 느끼지 못하며, 실질적으로 그것을 수행할 시간과 역량이 부족합니다."

이 외에도 다양한 현장의 목소리가 존재합니다. KPI는 개별 지표 하나하나가 잘 만들어졌는지를 넘어, 조직 전체 차원에서의 일관성, 구성원의 수용성, 리더의 개입 역량이 함께 갖춰졌을 때 비로소 효과적으로 작동합니다. 특히 KPI는 정적인 시스템이 아니라, 변화하는 경영 환경에 맞춰 유연하게 수정·보완되어야 하는 동적인 시스템입니다. 이 과정에서 조직 내 리더는 KPI가 현실에 맞게 조정될 수 있도록 제때 개입하고, 방향을 정렬해 주는 역할을 수행해야 합니다.

결국, KPI가 현장에서 기능하지 않는 이유는 도출의 미숙함뿐만 아니라 전략적 연결의 단절, 구성원의 불수용, 리더십 역량의 부재 등 다양하고 복합적인 요인의 결과물이라는 점을 다시금 깨달아야 합니다. 이 책은 그러한 오해와 시행착오를 하나씩 짚어 가며 실질적 해결 방안을 제시하고자 합니다.

첫 번째 오해,
KPI는 많을수록 좋다?

•

구성원의 성과를 다각도로 측정하기 위해서는 다양한 관점에서 지표를 도출할 필요가 있습니다. 이러한 관점의 확장은 지표 수의 증가로 이어질 수 있지만, 단순히 지표 수를 늘린다고 해서 반드시 성과 측정의 질이 높아지는 것은 아닙니다.

관점 없이 지표 수량Quantity만을 늘릴 경우, 지표 간 중복이 발생하고 타당성이 떨어질 수 있습니다. 동일하거나 유사한 관점에서 파생된 지표는 실질적으로 같은 성과를 반복 측정하게 되며, 이는 성과를 왜곡하거나 관리 효율을 저해하는 결과를 초래할 수 있습니다. 또한, 관점의 다양성과 균형을 고려하지 않을 경우 특정 영역에 지표가 몰리는 편중 현상, 혹은 어떤 영역은 지표 자체가 빠져 있는 불균형 상태가 발생할 수 있습니다.

이러한 문제를 방지하기 위해 KPI 설계에도 MECE 원칙이 적용되어야 합니다. MECEMutually Exclusive and Collectively Exhaustive는 세계적인 컨설팅 기업 M사에서 제시한 논리적 사고 프레임워크로, 상호 중복되지 않으면서도 전체를 포괄할 수 있는 구조를 의미합니다. 즉, KPI는 단순히 많을수록 좋은 것이 아니라 지표 간의 논리적 구분이 명확하고, 조직의 핵심 과업을 빠짐없이 담을 수 있도록 설계되어야 합니다.

MECE의 예시

- ME: 정기 간행물과 부정기 간행물은 중복되지 않는가? (상호 배타적인가?)
- CE: 일간, 주간, 월간 외에 정기 간행물을 구성하는 또 다른 항목은 없는가?

두 번째 오해, KPI는 반드시
BSC 관점에서 도출되어야 한다?

●

BSC_{Balanced Scorecard}는 한 번쯤 들어본 개념일 수 있지만, 이에 대해 정확히 이해하고 실무에 적용할 수 있는 담당자는 그리 많지 않습니다. BSC는 1992년 카플란_{Kaplan}과 노튼_{Norton}에 의해 처음 소개되었습니다. 두 사람은 당시 기업이 성과를 평가할 때 재무 지표에 지나치게 의존하는 관행에 문제의식을 느끼고, 보다 균형 잡힌 관점에서 조직성과를 측정하기 위한 통합적 관점의 틀로 BSC를 개발했습니다. 처음에는 전략을 실행하고 조직성과를 평가하는 도구로 활용되었으나, 이후 여러 산업과 기업에서 이를 KPI와 연계하면서 조직 전략뿐 아니라 구성원들의 개별 성과까지 관리하는 도구로 진화해 왔습니다.

BSC는 4가지 관점으로 구성되어 있습니다. ① '학습 및 성장 관점'은 직원들의 역량, 기술 등이 조직에 잘 집적되고 개발되고 있는지를 측정하는 관점으로, 구성원의 교육 이수율, R&D 투자 정도 등을 측정합니다. ② '내부 프로세스 관점'은 조직 업무, 절차, 생산 과정 등이 효율적으로 작동하는지를 측정하는 관점으로

BSC의 4가지 관점

학습과 성장 관점
- 사업을 추진하기에 앞서 예산, 인력 및 물자를 규모와 계획에 맞춰 적절하게 집행했는지 평가

  예) 연구 개발비, 직원 교육비, 투입 일수, 예산 집행률 등

내부 프로세스 관점
- 원하는 사업 성과를 도출하기 위해 수행한 특정 절차의 효율성, 생산성, 품질, 일관성을 측정

  예) 발주 물량 인도 소요 시간, 재작업률, 창고 비용, 정보 시스템 효율성, 일의 진척률

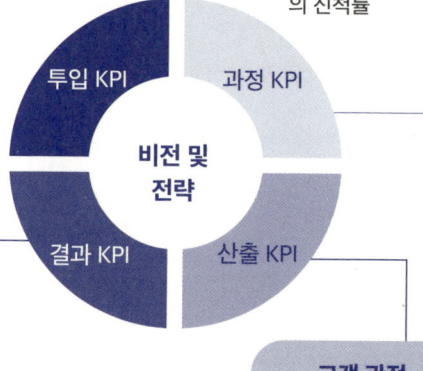

투입 KPI / 과정 KPI / 결과 KPI / 산출 KPI — 비전 및 전략

재무적 관점
- 최종적인 목표 달성도, 사업 활동을 통해 궁극적으로 이룬 성과나 그 성과가 조직에 미친 중요한 영향력을 평가

  예) 원가 절감액, 투자 수익률(ROI), 직원 만족도, 매출액 등

고객 관점
- 사업 진행 과정을 통해 무엇을 생산했는지, 얼마나 많은 일을 해냈는지를 측정

  예) 고객 만족도, 재구매율, 고객 충성도, 시장 점유율, 신규 고객 수

공수, 결품률, 전달시간(리드타임) 등을 측정하는 관점입니다. ③ '고객 관점'은 고객 만족도, 유지율, 충성도, 시장 점유율MS 등을 측정하는 관점입니다. 마지막으로, ④ '재무적 관점'은 회사의 재무 성과, 예컨대 수익성Profit, 성장성Growth, 비용 절감Cost 등을 측정하는 관점입니다.

해당 관점들은 각 영역을 나누어 독립적으로 평가하는 것이 아닌, 서로 연계하여 전체 조직성과를 평가할 수 있도록 설계되어 있습니다. ① '학습과 성장 관점'에서 사업을 추진하기에 앞서 인적·물적 자원의 준비도, 개발 정도, 성숙도 등을 측정합니다. 이를 바탕으로 조직 역량이 집적되고 발휘된다면 ② '내부 프로세스 관점'에서의 업무 효율성이 극대화될 수 있습니다. 업무 효율성이 증진되어 산출물의 품질이 향상되고 전달시간이 단축되면 ③ '고객 관점'에서 고객의 만족도와 재구매를 달성할 수 있고, 새로운 고객을 개척하거나 기존 고객을 대상으로 상향 판매인 업셀링Up-selling 또는 교차 판매인 크로스셀링Cross-Selling을 할 수 있게 됩니다. 궁극적으로 이를 통해 기업은 ④ '재무적 관점'에서 매출액, 영업 이익, 당기순이익 등의 실적을 달성할 수 있으며, 궁극적인 기업의 비전과 미션을 달성하게 됩니다.

즉, BSC는 전략 실행의 인과적 경로를 성과 지표로 설계하는 프레임워크입니다. 이러한 이유로 많은 기업들이 KPI를 BSC 관점에서 도출하는 방식을 채택해 왔습니다.

다만, KPI를 BSC에 맞추어 구성한다고 해서, 무조건 4개의 관점을 모두 활용하여 지표를 도출해야 한다는 의미는 아닙니다. BSC의 구조적 연계성을 이해하지 못한 채 단순히 기계적으로 4개의 영역에 맞춰 지표를 배분할 경우, 조직 전략과 무관한 분절적 지표들이 양산될 수 있고, 이는 KPI의 본래 목적을 훼손하는 결과를 낳을 수 있습니다.

또한 BSC 관점 자체를 활용하지 않고 다른 관점을 통해 KPI를 도출할 수도 있습니다. 회계전문 컨설팅 기업인 D사의 경우 EVM Enterprise Value Map이라는 관점에서, 재무적인 효과성을 창출하는 직접적인 지표들 위주로 성과 측정 단위를 구성합니다.

이 역시 합리적인 접근이므로 회사의 특성상 내부 운영과 역량 개발보다는 직접적인 성과 측정이 더 중요하고, 그것을 측정할 수 있는 도구가 존재한다면 재무/회계 단위를 중심으로 KPI를 구성하는 것도 가능합니다.

그러나 일반적으로는 BSC 관점이 지표 간 균형성 측면에서 가

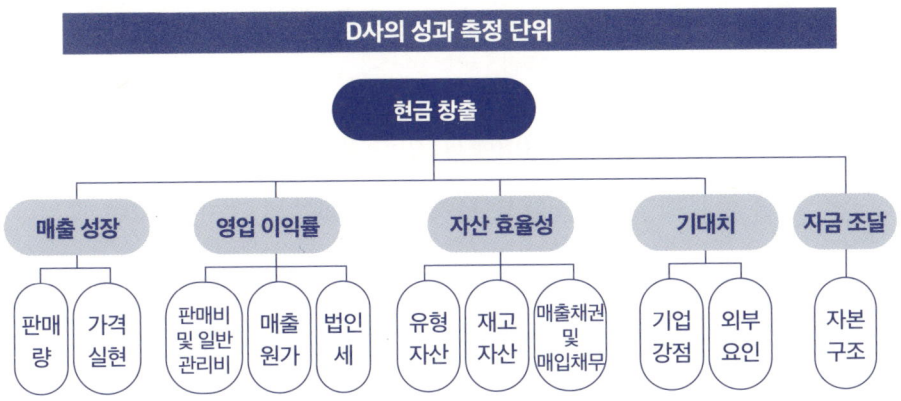

장 타당도가 높으므로 KPI 도입 초기일 경우 BSC 관점에서 KPI를 설계하는 것이 실패를 줄이는 첩경이라고 할 수 있습니다.

세 번째 오해,
KPI는 무조건 수치로 정량화되어야 한다?

KPI를 수치화하고 산식으로 설계하는 이유는 성과를 보다 명확하고 객관적으로 측정하기 위함이며, 수치 기반 측정이 가장 직관적이고 신뢰도가 높기 때문입니다. 그러나 모든 KPI를 무리하게 정량화하려는 접근은 오히려 타당성과 신뢰성을 떨어뜨릴 수도 있습니다.

예를 들어, 인사 관리 영역에서 '인력 운영의 건전성'을 평가하기 위한 지표로 '징계 건수'를 설정한다고 가정해 봅시다. 월별 징계 위원회 개최 건수나 징계 사례 수를 집계하면 정량적 지표로 활용할 수는 있겠지만, 단순히 징계 위원회 개최 건수가 많거나, 경고장을 다수 발부한다고 하여 조직 내 인력 운영의 건전성이 높아졌다고 단정할 수는 없습니다. 오히려 지나치게 지표의 수치화에 집착할 경우, 그 지표를 달성하기 위한 과정에서 구성원의 왜곡된 행위를 유발할 수 있으며, 이는 지표의 본질로부터 벗어나게 되는 결과로 나타날 수 있습니다. 이러한 경우에는 정량 대신 정성 평가 방식, 예컨대 인사 운영에 대한 내부 고객 만족도 조사나 5점 척도 기반의 리커트Likert형 평가 문항이 보다 적절할 수 있습니다.

즉, KPI는 가능한 경우에 한하여 정량화를 추구하되, 정량화 자체가 목적이 되어서는 안 됩니다. 핵심은 지표가 성과를 얼마나 정확하게 반영하고 바람직한 행위를 유발하느냐이며, 그 방법이 반드시 숫자일 필요는 없습니다.

네 번째 오해,
KPI는 한 번 설계하면 손댈 필요가 없다?

●

외부 HR 컨설턴트를 통해서든 기업 내부 역량을 활용하든, KPI를 설계하고 구성원에게 배분하는 과정이 끝난 뒤에 흔히 발생하는 문제는 한 번 설정된 KPI가 고정불변의 기준처럼 작동한다는 점입니다. 대다수 기업에서는 구성원에게 일방적으로 KPI를 부여하고, 구성원이 이를 별도의 조정 없이 그대로 활용하는 양상이 나타납니다. 더욱 문제인 것은 당해 연도뿐만 아니라 2년, 3년이 지나도 지표를 수정하지 않고 예전 지표를 그대로 업무에 적용하며, 그에 기반해 평가를 받는다는 점입니다.

그러나 KPI는 경영 환경, 시장 상황, 경쟁사의 변화 등에 따라 꾸준히 조정해야 하며, 구성원이 필요에 따라 지표의 현실성과 타당성에 대해 건의하고 수정할 수 있는 '환류 체계'가 마련되어 있어야 합니다.

이는 비단 KPI 항목 자체만을 의미하는 것이 아니라, 그 안에 설정된 정량 목푯값Target 역시 유동적으로 조정될 수 있어야 한다는 것을 의미합니다. 예를 들어, 연초에 설정한 목표가 경영 환경 개선으로 인해 비교적 달성하기 쉬워졌다면 목표를 상향 조정해야 하며, 반대로 외부 위기로 인해 달성 가능성이 현저히 낮아졌다면 하향 조정도 고려해야 합니다.

즉, KPI는 한 번 정하면 끝나는 '정적 기준'이 아니라, 계속 점검하고 조정해 나가야 하는 '동적 관리 수단'인 것입니다. 그리고 이처럼 유연한 KPI 운영을 위해서는 팀장급 리더의 역할이 결정적이라고 할 수 있습니다.

관리자는 소속 구성원에게 부여된 KPI가 현실성이 있는지, 과도하게 어렵거나 지나치게 쉬운 것은 아닌지를 수시로 점검해야 하고, 필요할 경우 인사 팀이나 경영진과 논의하여 목푯값의 조정이나 지표의 수정을 요청해야 합니다. 이를 위해 리더는 구성원

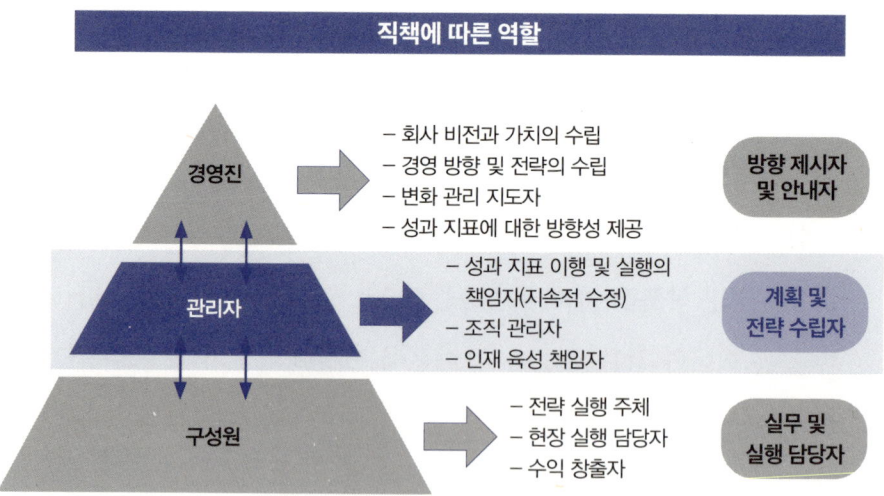

면담, 상위 의사 결정자와의 커뮤니케이션 역량을 갖추고 있어야 하며, 조직은 리더가 이러한 역할을 충분히 수행할 수 있도록 사전 교육과 지원 체계를 제공해야 합니다.

다섯 번째 오해,
KPI는 결과만을 강조하는 지표이다?

KPI는 단순한 업적 평가 지표로만 기능하지 않습니다. KPI는 구성원이 업무를 계획하고Plan, 수행하며Do, 결과를 검토 및 개선하는See 전 과정을 자율적으로 관리할 수 있도록 지원하는 성과 관리 기준이자 업무 실행 도구입니다. 즉, KPI는 '결과'뿐만 아니라 과정 전반에 영향을 미치는 종합적 관리 지표로 기능합니다.

먼저 계획Plan 단계에서 KPI는 구성원 개개인의 연간 행동 목표를 수립하는 데 도움을 줍니다. 조직으로부터 KPI 지표를 배분받은 구성원은 해당 지표의 의미, 달성 과정에서 요구되는 행위와 각각의 난이도, 달성해야 하는 성과의 유형, 달성 여부를 평가하는 산식 등을 다각도에서 검토하게 됩니다. 그 후, 구성원은 KPI 지표의 달성 가능성을 고민하기 시작합니다. 예를 들어 부여받은

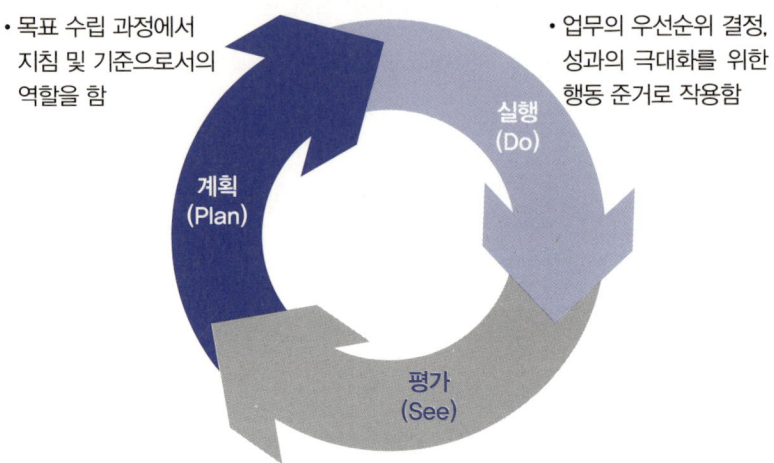

- 목표 수립 과정에서 지침 및 기준으로서의 역할을 함
- 업무의 우선순위 결정, 성과의 극대화를 위한 행동 준거로 작용함
- 잠재적 문제의 조기 발견, 성과 목표 수준 달성도에 대한 모니터링, 개선 필요 분야의 확인 및 피드백을 위한 기초로 활용됨

KPI가 달성 가능성은 높지만 상당한 노력이 필요하다고 분석될 경우, 구성원은 그만큼의 노력을 투입할지를 고민합니다. 고민 끝에 그러기로 결정한다면 지표 달성을 위해 계획을 수립합니다.

실행Do 단계에서는 KPI의 중요도(가중치)에 따라 업무 처리의 우선순위와 자원 배분 기준이 정립됩니다. 복수의 KPI 중에서 중요도가 높은 항목에 시간과 에너지를 집중함으로써, 구성원은 단순한 '일 처리'가 아닌 성과 중심의 업무를 수행하게 됩니다. 조직은 이 구조를 넛지Nudge 효과로 활용해 구성원이 기업 성과상 더 중요한 업무에 집중하게 해야 합니다.

마지막으로 평가See 단계에서는 KPI에 기반해 실제 목표 달성 수준을 객관적으로 점검할 수 있습니다. 달성하지 못한 지표에 대해서는 원인을 분석하고 차기 업무에서 개선이 필요한 영역을 도출할 수 있으며, 이는 건설적 피드백과 자기 성장으로 이어지게 됩니다.

요약하자면, KPI는 단순히 결과만을 측정하는 도구가 아니라, 구성원이 성과 중심으로 사고하고 행동하며, 자신의 업무를 스스로 설계하고 개선할 수 있도록 유도하는 일련의 기준 체계입니다.

성과 관리 자가진단표(Plan-Do-See 기반)

아래 자가진단표는 구성원이 KPI 기반 성과 관리를 자율적으로 실행하고 있는지를 점검하기 위한 도구입니다. 각 항목을 체크하여 현재 자신의 성과 관리 수준을 점검해 보세요.

1. 계획(Plan) 단계

No	진단 항목	그렇다(□)
1	부여받은 KPI의 정의와 산식을 정확히 이해하고 있다.	□
2	해당 KPI의 난이도와 중요도를 기준으로 목표 수준(Target)을 설정해 보았다.	□
3	성과 달성을 위한 연간 또는 분기별 실행 계획을 수립한 바 있다.	□
4	조직의 전략 방향과 KPI가 어떻게 연결되는지 설명할 수 있다.	□
5	목표 달성 수준을 높이기 위한 사전 준비(학습, 협업 등)를 하고 있다.	□

2. 실행(Do) 단계

No	진단 항목	그렇다(□)
1	설정한 KPI에 따라 일일/주간 업무 우선순위를 조정하고 있다.	□
2	가중치가 높은 KPI에 더 많은 시간과 자원을 집중하고 있다.	□
3	업무 수행 중 KPI 기준을 자주 참고하고 있다.	□
4	필요 시 KPI 달성을 위한 추가 자원이나 협조를 요청한 적이 있다.	□
5	성과 달성을 위해 새로운 시도나 개선 아이디어를 적용하고 있다.	□

3. 평가(See) 단계

No	진단 항목	그렇다(□)
1	정기적으로 KPI 달성 여부를 점검하고 있다.	□
2	목표 미달성 지표에 대해 원인을 분석한 경험이 있다.	□
3	KPI 결과를 바탕으로 차기 계획을 수정하거나 보완하고 있다.	□
4	피드백을 통해 개선 방향을 도출하고 실제로 반영하고 있다.	□
5	성과 결과에 대한 리뷰가 나의 성장과 연결되고 있다고 느낀다.	□

3장

KPI의 유형별 구분

단위에 따른 구분

업무의 속성과 지표를 산출하는 방식에 따라 적절한 KPI 측정 단위Unit를 설정해야 합니다. 지표의 단위는 다양하지만, 일반적으로는 다음의 네 가지 유형으로 구분할 수 있습니다.

① 화폐 단위(Monetary)

성과를 금전적 수치나 비율의 증감으로 평가하는 단위입니다. 매출액, 영업 이익, 인건비, 비용 등 재무적 요소를 측정할 때 사용되며, 영업 부서나 재무·회계 직무에 주로 부여됩니다. 수치가 명확하고 결과 중심이기 때문에 KPI 중 가장 직관적인 유형입니다.

② 시간(Time)

성과를 기한 내 과업 달성 여부로 평가하는 단위입니다. 예를 들어, 납기 일정에 맞춰 도면을 전달해야 하는 설계 직무, 리드타임을 단축해야 하는 운영 관리 직무에 적합합니다. 시간 단위는 일정 준수와 프로세스 효율성을 반영하는 지표로 활용됩니다.

③ 수량(Quantity)

성과를 건수, 횟수, 달성률, 개선율 등으로 측정하는 단위입니다. 목표 대비 달성률이나 반복 업무의 수행 횟수처럼 다양한 직무에 폭넓게 적용할 수 있는 가장 일반적인 단위입니다. 실적형 지표가 많은 직무(구매, 생산, CS 등)에 자주 활용됩니다.

④ 질(Quality)

성과를 노력도, 만족도, 품질 수준 등 정성적인 기준으로 평가하는 방식입니다. 정량 지표와 달리 평가자의 주관이 개입될 수 있지만, 내부 지원 부서, 고객 지원 직무 등에서 핵심 지표로 활용됩니다. 상사나 동료, 고객을 대하는 평소의 업무 태도, 고객 요청에 대한 만족도, 업무의 완성도 등이 포함됩니다.

대표적인 정성 지표로는 고객 만족도CSAT나 고객 추천 지수Net Promoter Score, NPS가 있습니다. 특히 NPS는 "해당 제품이나 서비스를 다른 사람에게 추천할 의향이 있는가?"를 묻는 방식으로, 마케팅, 영업, CS 등 고객 접점에서의 서비스 질을 간접적으로 수치화할 수 있는 효과적인 도구입니다. 설문이나 인터뷰 방식으로도 활용되며, 단순 정성 평가 이상의 정량적 환산이 가능하다는 점에서 높은 활용도를 가집니다.

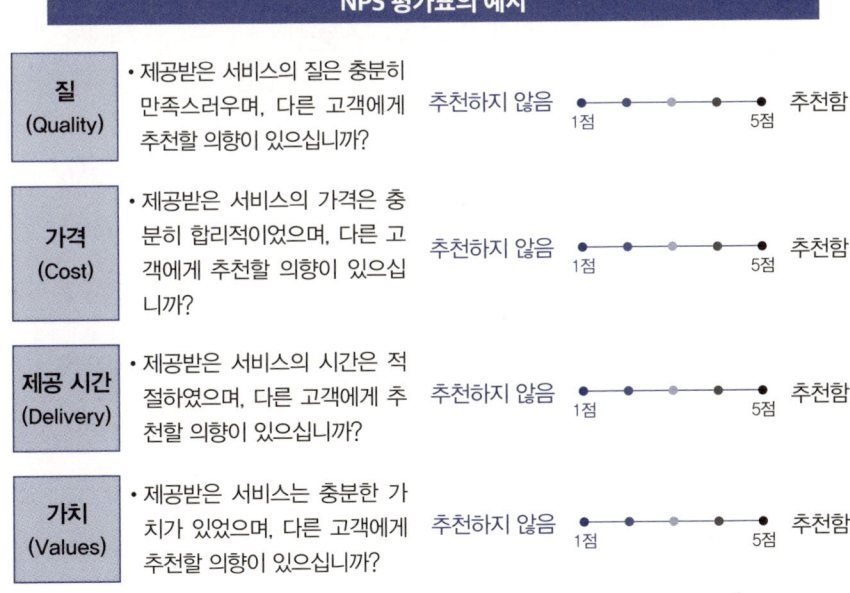

단위에 따른 KPI

단위	설명	적용 직무	예시
화폐	성과를 금전적 수치나 비율로 측정 (예: 매출, 이익, 비용 등)	영업, 재무, 회계	매출액, 영업 이익, 비용 절감률
시간	정해진 기한 내 과업 달성 여부로 측정 (예: 납기, 리드타임 등)	설계, 생산, 운영 관리	납기 준수율, 프로젝트 완료일
수량	건수, 횟수, 비율 등 정량적 실적으로 측정 (예: 처리 건수, 개선율 등)	구매, 생산, 고객 지원	처리 건수, 클레임 감소율
질	노력도, 만족도 등 정성적 기준으로 평가 (예: 고객 만족도, 상사 평가 등)	경영 지원, 마케팅, CS	고객 만족도 (CSAT), NPS, 평가 점수

단계에 따른 구분

●

KPI는 업무를 수행하는 단계의 관점에서 구분할 수도 있습니다. 경영학에서 일반적으로 차용하는 시스템적 관점 즉, Input(투입), Throughput(과정), Output(산출)의 단계를 기준으로 KPI를 분류하는 것이 효과적이며, 시스템적 관점에서 세부 지표들을 도출 및 연결해 본다면 조직 성과 창출의 흐름 전반을 체계적으로 진단할 수 있게 됩니다.

① 투입(Input) 관점의 KPI

투입Input 관점의 KPI는 성과를 내기 위해 사전 투입 요소가 적절히 준비되어 있는지를 측정하는 데 도움을 줍니다. 인적 자원, 시간, 예산, 계획 수립 등의 업무 실행을 위해 초기에 준비되어야 하는 조건들과 준비 수준을 수치화하여 관리할 수 있습니다. '투입 인력 수', '교육 이수율', '예산 투입률', '사전 계획 수립률' 등이 대표적인 지표입니다. 이러한 지표를 활용하여 시작 단계에서 미리 성과의 질을 예측해 볼 수 있으며, 준비가 미진하여 실패하는 리스크를 줄일 수 있습니다. 특히 공공, 제조 분야에서 많이 활용합니다.

예를 들어, 고객 센터의 직원 1인당 응대 교육 이수율은 이후 고객 응대 품질에 영향을 주는 대표적인 투입 지표로서, 사전에 업무의 성과를 예측해 볼 수 있게 합니다. 마찬가지로 제조 공장의 원자재 입고 정확도 역시 결과물의 질을 직접 가늠해 볼 수 있도록 돕는 핵심 투입 지표입니다. 투입 지표는 '과정 통제'보다는 '준비 통제'에 가깝고, 성과를 선제적으로 예측하거나 결과를 사전에 조정할 수 있도록 도움을 줍니다.

② 과정(Throughput) 관점의 KPI

과정Throughput 관점의 KPI는 업무가 진행되는 과정에서의 효율성, 속도, 정확성을 측정하는 지표입니다. 즉, 투입된 자원이 어떻게 활용되고 업무 간 연결이 어떻게 최적화되는지를 수치화하는 것으로, '업무 처리 건수', '납기 준수율', '평균 처리 시간', '공정 불량률', '리드타임', '결재 지연 건수' 등이 이에 해당합니다. 이 지표는 특히 운영 프로세스의 병목 지점 파악이나 조직 내부의 실행력 진단에 활용할 수 있습니다.

예를 들어 생산 관리에서는 공정 내 재공품 회전율이나 설비 가동률 지표가, 고객 응대 업무에서는 VOC 처리 리드타임 지표가 주요한 과정 지표라고 할 수 있습니다. 또한 프로젝트 기반 조직에서는 중간 마일스톤 도달률이나 프로젝트 일정 지연율도 과정 지표로 활용할 수 있습니다. '문제가 어디서 생기고 있는가'를 파악하는 데 탁월하며, 운영 프로세스 최적화를 위한 의사 결정에 핵심적으로 활용할 수 있습니다.

③ 산출(Output) 관점의 KPI

산출Output 관점의 KPI는 업무 수행을 통한 산출을 확인할 수 있도록 돕는 지표입니다. 대표적으로 '성과 달성률', '고객 만족도 CSAT', '영업 실적', '비용 절감액', '품질 적합률(수율)', '완료 프로젝트 수' 등이 이에 포함됩니다. 이는 투입 대비 산출 수준을 평가하는 가장 보편적이면서도 중요한 지표입니다.

예를 들어 영업 조직에서는 매출 목표 달성률, 신규 계약 수가 핵심 산출 지표가 되며, 고객 서비스 부문에서는 응대 후 만족도 평균 점수, 고객추천지수NPS 등이 중요한 산출 지표입니다. R&D에서는 기술 특허 등록 수나 신제품 출시 건수, 공공기관에서는 정책 채택률이나 성과 확산 지수가 이에 해당합니다. 성과를 직관적으로 보여 주기 때문에 일반적으로 조직 내에서 가장 강조되는 지표이기도 합니다.

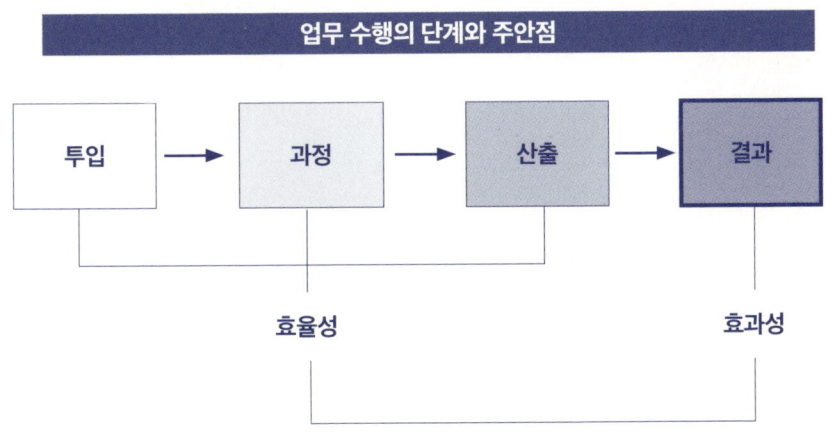

단계에 따른 KPI

과정	설명	대표 지표 예시	주요 활용 영역
투입	성과 달성을 위한 사전 준비 요소를 측정	교육 이수율, 예산 투입률, 투입 인력 수, 계획 수립률	공공, 제조, 고객 지원, 기획 등
과정	업무가 진행되는 과정 중 효율, 속도, 연결성을 측정	납기 준수율, 평균 처리 시간, 리드타임, 공정 불량률, 가동률	생산 관리, 프로젝트, CS, 행정 등
산출	최종 성과 달성 수준을 평가	성과 달성률, 매출액, 고객 만족도(CSAT), NPS, 비용 절감액	전사적 지표, 성과 평가 핵심 지표

Chapter
02

KPI를 설계하고 운영하는 방법

4장

전략 KPI와 직무 KPI

일반적으로 KPI는 전략 KPI와 직무 KPI로 구분할 수 있으며, 유형에 따라 도출 방식이 달라집니다. 여기에 더해 예기치 못한 상황에서 발생하는 사후적 KPI도 별도로 고려할 수 있습니다.

전략 KPI는 조직의 중장기 전략이나 경영 목표와의 정렬을 중시하는 지표로, 주로 관리자 또는 팀장 이상의 직책을 맡은 사람에게 부여됩니다. 직책을 맡은 사람들은 부서 혹은 조직의 방향에 부합하는 업무 목표를 설정해야 하며, 해당 목표를 달성하는 데 직접 책임을 져야 하는 위치에 있습니다. 따라서 관리자 또는 직책을 맡은 사람에게는 조직의 전략 목표 달성에 도움이 되는 행위를 촉진하는 KPI를 중점적으로 부여해야 합니다.

반면, 직무 KPI는 일상적이고 반복적인 업무 수행 결과를 측정하는 지표로, 주로 일반 구성원에게 부여됩니다. 이들은 조직 전략보다는 자신의 직무 목표에 초점을 맞추어 성과를 달성하기 때문에 직무 KPI를 중심으로 부여하는 것이 바람직합니다.

조직의 모든 구성원은 전략 KPI와 직무 KPI를 적정한 비중으로 부여받습니다. 이 비중을 결정하는 데 영향을 미치는 것이 해당 구성원의 직급 혹은 직책입니다. 일반적으로 높은 직급 혹은 팀장 이상의 직책을 부여받을수록 조직의 전략 목표 달성에 영향을 끼칠 수 있는 권한과 책임이 증가하게 됩니다. 이에 따라 직무 KPI보다는 전략 KPI의 비중이 높아집니다. 이와 반대로 일반 팀원의 경우 전략 목표 달성을 위해 기여하기보다는 운영성 업무, 직무 자체의 목표 달성을 위한 업무에 역량을 집중하는 것이 일반적입니다. 따라서 일반 구성원에게는 전략 KPI보다는 직무 KPI의 비중이 높아지게 됩니다.

전략 KPI와 직무 KPI에 더해, 예기치 못한 상황에서 발생하는 사후적 KPI도 별도로 고려할 수 있습니다. KPI를 설정하는 연초에는 예상하지 못했던 업무가 연중에 발생할 수도 있기 때문입니다. 예를 들어, 경영 환경 변화, 특별 지시(수명 업무), TF 참여, 긴급 프로젝트 수행 등으로 인해 KPI 외 업무에 상당한 기여를 하게 되는 경우가 있습니다.

이에 대응하기 위해서는 사후적 KPI를 운영할 필요가 있습니다. 사후적 KPI는 연말 평가 시 평가자 혹은 피평가자 본인이 당초 부여받은 KPI 외에 조직 기여 업무 1~2개를 추가 지표로 포함시키는 방식으로 설정됩니다. 사후적 KPI는 사전 도출 방식이 아닌 후속 조정의 성격을 가지므로 별도의 구조화된 도출 방법을 요구하지는 않습니다.

요약하자면, KPI는 직급·직책에 따라 전략 중심과 직무 중심으

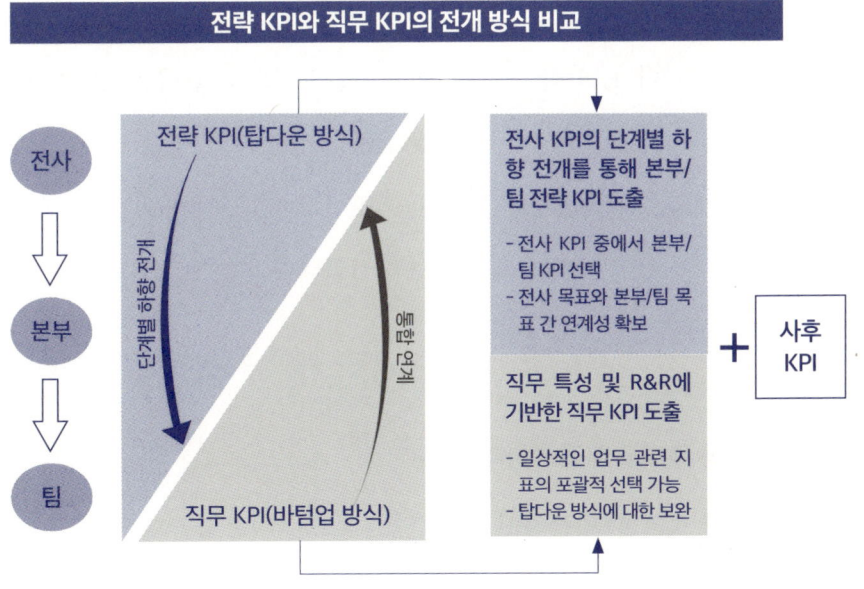
전략 KPI와 직무 KPI의 전개 방식 비교

로 그 비중이 달라지며, 예외적 상황에 대한 유연한 보완 장치로서 사후적 KPI를 운영하는 것이 공정성과 수용성 측면에서 바람직합니다.

전략 KPI 도출 방법

전략 KPI는 조직의 전략 목표를 실현하기 위한 핵심 과제를 수치화한 표현이라고 할 수 있습니다. 전략 KPI는 조직과 부서, 팀, 개인의 행위를 전사 전략 달성이라는 하나의 방향으로 정렬Align 시키는 역할을 하며, 조직 내 모든 활동이 상위 전략에 기여하도록 유도합니다. 따라서 전략 KPI는 일반적으로 탑다운 방식으로 도출됩니다. 즉, 경영진이 전사 전략을 수립하고 이를 측정 가능한 과제 혹은 목표로 전환한 뒤, 이것이 '부서 → 팀 → 개인'의 단계를 거쳐 세분화되며 배정되는 방식입니다.

전략 체계도를 활용하라

전략 KPI를 도출하기 위해 일반적으로 사용하는 도구가 전략

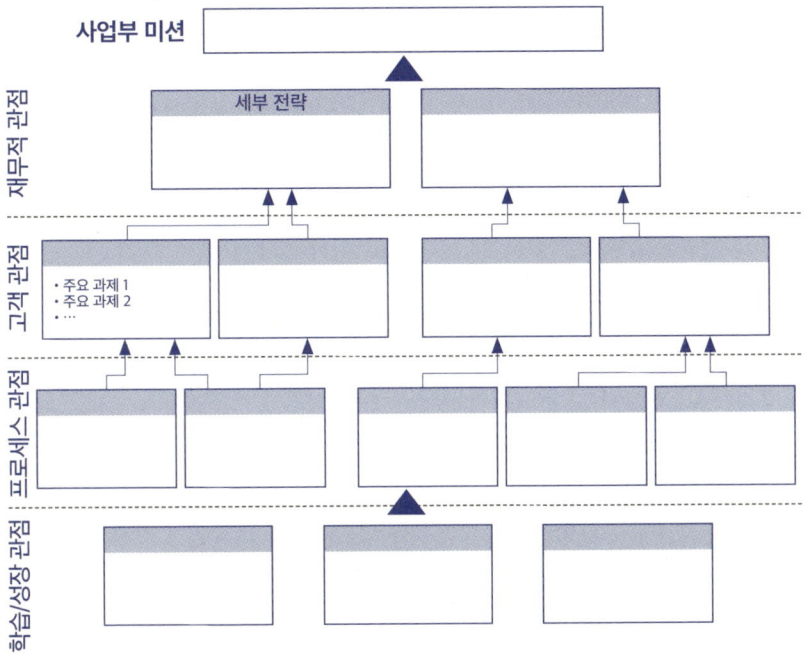

체계도Strategy Map입니다. 이는 조직의 미션과 전략을 시각적으로 정리하고, 각 전략 과제를 BSC 관점 등 체계화된 틀에 따라 연계성 있게 정렬하는 도구입니다. 전략 과제를 정렬한 후에는 각 전략 과제를 실현하는 데 기여하는 구체적인 지표를 도출하여 전략 KPI 풀을 구성하게 되고, 그중 우선순위에 따라 최종적인 전략 KPI를 선정합니다.

미션을 명확히 정의하라

미션은 조직이 존재하는 이유를 요약한 핵심 선언문입니다. 외부 고객에게 어떤 가치를 제공할 것인지, 내부 구성원이 추구해야 할 가치 또는 행위는 무엇인지에 대한 방향성과 정체성을 담고 있으며, 조직의 전략과 KPI는 이 미션에서 출발해야 합니다.

미션은 다음과 같은 기능을 하도록 구성되어야 합니다.
- 조직이 나아가야 할 방향을 제시한다 (나침반 역할)
- 구성원이 무엇을 해야 하고, 하지 말아야 하는지를 명확히 한다
- 외부 이해관계자에게 조직의 존재 목적을 명확하게 설명한다

좋은 미션은 다음의 질문에 답할 수 있어야 합니다.
- For Whom: 우리는 누구를 위해 존재하는가?
- For What: 우리는 무엇을 제공하는가?
- Why: 우리는 왜 존재하는가?

또한, 다음과 같은 조건을 만족해야 합니다.
- 단순하고 명확하여 구성원이 쉽게 기억할 수 있어야 함
- 구성원에게 동기를 부여하고 긍정적 성장을 유도할 수 있어야 함

- 지속 가능성이 있으며, 특정 시점이나 사업 분야에 과도하게 제한되지 않아야 함

미션은 일반적으로 조직장 이상을 대상으로 한 전략 워크숍을 통해 도출합니다. 조직에 대한 이해도와 책임감이 높은 리더들이 참여함으로써 실행 가능성과 공감대를 확보할 수 있습니다.

이 과정에서 유용한 기법 중 하나가 '5 Whys' 분석법입니다. 조직의 주요 기능 혹은 영역에 대해 '그것이 왜 필요한가'라는 질문을 다섯 번 반복하며 근본 목적을 파악하고, 그 핵심 키워드를 연결하여 미션 문장을 완성합니다.

전략 워크숍의 예시

활동	수행		성과	주체
	사업부장	팀장		
설명회 사전 과제 배포 1차 사전 설명회	• 미션 정의 • 전략 체계도 작성	• 전략 체계도에 따른 주요 과제 선정 • 팀별 매핑(Mapping) 및 핵심 업무 여부 구분	• 전략 체계도 • 팀별 KPI 매핑 • 핵심 업무 구분	컨설턴트/ 사업부/ 인사팀
2차 사업부별 워크숍		• 팀별 핵심 업무에 대한 KPI 선정	• 팀별 선정 KPI	

워크숍 이후	• KPI 정의서 작성(실무자 작성 후 인사팀 검토) • KPI 개인별 배분 • 직무 KPI 도출	• 전략 KPI: 팀별 KPI 정의서, 개인별 배분 • 직무 KPI: 직무 기술서, 직무 KPI 도출	사업부/ 인사팀

5 Whys 분석법의 예시

구분		WHY?	WHY?	WHY?	WHY?	WHY?	키워드
주요 기능/ 업무	소방용 기계/기구 등 검정	소방 기구 품질 확보	양질의 소방 기구 보급	화재시 정확히 작동	국민의 생명과 재산 보호	국민의 안전한 삶 보장	국민의 안전 확보
	소방 기술 연구 개발 (R&D)	소방 기술 수준 향상 주도	국내 소방 기술 개발 환경 열악	소방 기구 시장 규모 협소	건축 경기 영향 규제 완화	제조업체 영세성	소방 기술 수준 향상
	위험물 안전 검사	위험물 저장 시설 안전성 확보	대형 안전 사고 사전 예방	사고 발생시 대형 피해 방지	국가 산업 기반 시설 보호	재난으로 부터 국민 보호	재난으로 부터 국민 보호
	소방 산업 육성	소방 산업 취약성 개선	품질을 개선하여 경쟁력 제고	제조업체 수익성 증대	재투자로 건전한 기업 육성	소방 산업 활성화	소방 산업 경쟁력 확보
	국제 교류 및 협력	선진 소방 기술 도입 및 전파	국내 소방 기술의 수준 향상	국제 소방 기술 블록 화 대비	국가 간 기술장벽 해소	수출 증대 를 통한 시장 개척	국내 소방 기술의 글로벌화
	대국민 교육 및 소방 기술 홍보	소방 기구에 대한 인식 변화	소방 기구 중요성 전파 및 교육	소방 기구 의 올바른 사용 및 유지 관리	화재시 신속한 대응 능력 확보		안전 문화 의식 제고

BSC에 따라 전략 과제를 구체화하라

미션이 설정되었다면, 이를 실행하기 위한 전략을 구체화해야 합니다. 이때 가장 보편적으로 활용되는 틀이 BSC입니다. 앞 장에서 서술한 바와 같이 BSC는 4가지 관점으로 구성되어 있으며, 전략 체계도 설계 시 관점 간 인과관계 분석을 기반으로 세부 전략 과제를 연결합니다.

- 학습과 성장 관점 → 역량 확보 및 자원 준비
- 내부 프로세스 관점 → 업무 프로세스 개선 및 실행력 확보
- 고객 관점 → 고객 가치 창출 및 만족도 향상
- 재무적 관점 → 수익성, 비용 절감 등 성과 달성

이러한 흐름 속에서 전략 과제 간 연계성이 정리되고, 전략 체계도가 완성됩니다.

BCS 활용의 예시

관점	주요 성과 지표	KPI	목푯값	전략 과제
재무	수익성 제고 매출 성장	영업 이익률 매출 채권 일수 매출액 증가율	15% 30일 30%	지불 조건 변경 및 단순화 추진
고객	선택받는 제품의 포지션 구축 탄력적 가격 체계 운영	시장 점유율 고객 만족도 지수 재구매율 고객 세분화율(건수)	46% 95/100 75% 60%(300건)	통합 프로모션 캠페인 실시 무상 A/S 항목 확대 시행 가격 차별화 정책 실시 시장 세분화 정책 실시
프로세스	수요 기반 신제품 개발 원스톱 고객 서비스 대응 체제 구축 고객 관계 관리(CRM) 강화	신제품 매출 비중 불만 처리 기간 CS 불만 건수 멤버십 가입자 수	20% 1일 120/월 50만 명	분기별 고객 선호도 조사 자동 응답 시스템 도입 불만 처리 과정 단순화 CRM 패키지 도입
학습	서비스 및 친절 교육 강화	교육 이수율 우수 사원 유지율	88% 60%	고객 접점 사원 교육 우수 사원 포상

전략 KPI 풀을 구성하고 우선순위를 선정하라

전략 체계도가 완성되면, 각 전략 과제 중에서 측정 가능한 지표를 추출하여 KPI 풀을 구성합니다. 이 풀을 기반으로 연도별 전략 방향, 경영 환경, 사업 우선순위 등을 고려하여 실제 KPI를 5~6개 수준으로 최종 선정하게 됩니다(KPI 풀에서 어떤 KPI를 선택할 것인지에 대해서는 후술하도록 하겠습니다.). 이러한 방식으로 도출된 전략 KPI는 조직의 전략과 명확히 정렬되어 있으며, 구성원에게 전략적 방향성과 업무 목표 간의 연결 고리를 제공합니다.

직무 KPI 도출 방법

●

직무 KPI는 구성원이 맡은 직무를 성공적으로 수행하고 있는지를 측정하기 위한 핵심 성과 지표입니다. 즉, 해당 구성원의 직무 수행 결과를 수치화하여 평가하는 도구로 기능하며, 일반적으로 바텀업 방식으로 도출됩니다. 이는 각 구성원이 어떤 업무를 수행하고 있는지를 정확히 파악해야 하므로, 반드시 직무 조사Job Analysis가 선행되어야 합니다.

직무 분류 체계를 정립하라

직무Job란 동일한 지식과 기술을 요구하는 유사한 과업Task의 집합입니다. 따라서, 같은 직무에 속한 과업들은 과업의 내용과 과업 수행에 필요한 행동 요건이 유사해야 하며 다른 직무와는 명확히 구분될 수 있어야 합니다. 직무는 한 명의 구성원이 수행할 수 있는 범위 내에서 정의되어야 하며, 너무 세분화된 과업 단위나, 반대로 과도하게 포괄적인 단위도 부적절합니다.

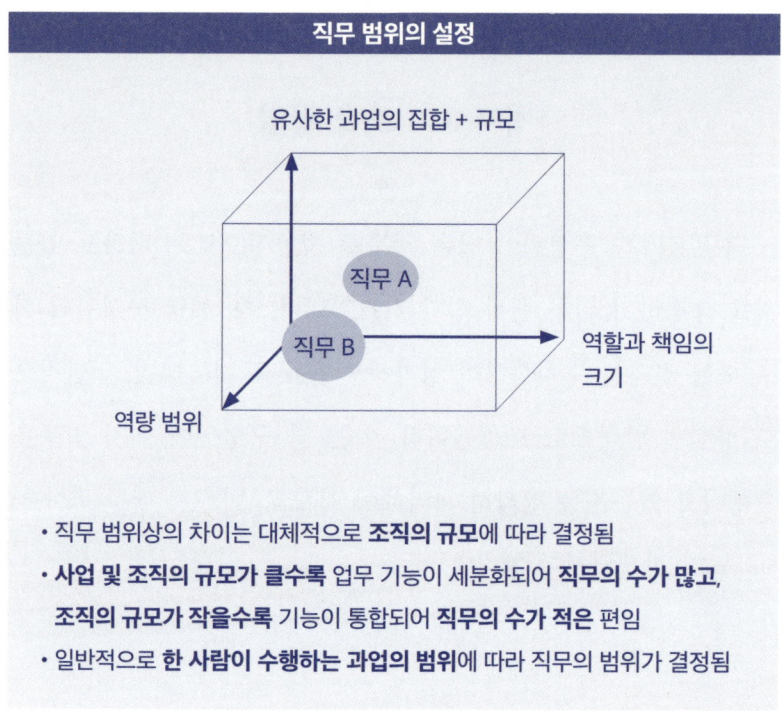

직무 단위에 대한 정비를 위해 먼저 직무 분류 체계Job Classification System를 정립해야 합니다. 이는 조직 내 모든 직무를 유사 기능에 따라 분류한 체계도로, 조직도와는 별개의 개념입니다. 일반적으로는 다음과 같은 직군 - 직렬 - 직무의 3단계 구조를 활용합니다.

다만 조직 규모가 작다면 2단계 체계(직군 - 직무)로 단순화할 수도 있습니다.

1단계 직군: 제도 차별화 및 고용 관리 기준 단위
2단계 직렬: 인재 육성CDP 및 경력 개발 기준 단위
3단계 직무: KPI 설정, 과업 부여, 교육 설계 등 실무 기준 단위

직무 분류 단계별 설명			
직무 분류 단계	의미	분류 원칙	활용 범위	
1단계 직군	제도 차별화 단위	• 직무의 최상위 집합체 • 밸류체인상 상위 레벨의 주요 기능 • 성과 기여도 및 요구 전문성 등 업무 특성 고려	채용	인재 모집의 단위
			보상	보상 제도(Pay Mix, Level, 보상 형태)의 차별화 단위 (ex. 영업 인센티브)
			호칭	호칭 체계의 차별화 단위 (ex. 연구/영업: 선임, 책임, 수석)
2단계 직렬	인재 육성 단위	• 미션, 과업, 수행 요건 등이 유사한 기능/직무들을 묶은 단위 • 전략적 인재 육성 단위	경력 개발	경력 경로(Career Path) 설계 단위
			교육	교육 체계 수립 단위(교육 운영)
			직무 역량	직무 역량 도출 단위

3단계 직무	인력 운영 단위	• 업무의 유사성 및 인력 규모를 고려하여 직무 단위를 설정 • 1인 1직무 부여 원칙 (조직 규모와 특성에 따라 다를 수 있음)	경력 개발	직무 전문가 육성을 위한 경력 경로
				순환 보직 단위
			KPI 도출	직무별 KPI 풀 설정
			인력 운영	핵심 직무 선정 단위
				글로벌 인력 배치 기준
			인력 계획	직무별 인력 계획 및 정원 관리 단위

직무 분류 체계 정립의 예시

직군	경영								
직렬	경영기획	전략구매	인사	총무	재경	시설환경	안전/보건	IT	사무지원
직무	경영기획	SCM	인사운영	일반총무	재무회계	시설관리	안전	IT	사무지원
	사업운영	상품구매	채용	기업문화	자금출납	자산관리	보건		
	준법관리	관세	교육			환경			
			노무관리						
			GHR						

직무 조사를 통해 직무 기술서를 작성하라

직무 분류 체계 정비를 통해 직무 분석 단위를 도출했다면, 이후 직무 KPI를 도출하기 위한 핵심 과정인 직무 조사를 통해 직무 기술서Job Profile를 작성해야 합니다. 직무 기술서는 해당 직무의 정의, 목표, 수행 과업, 필요한 역량, KPI 등 직무의 핵심 속성을 체계적으로 정리한 문서입니다. (과거에는 직무의 내용을 적은 문서를 직무 기술서, 직무 수행자의 요건을 기재한 문서를 직무 명세서로 구분하였으나, 최근에는 이 문서가 통합된 상태를 직무 기술서 혹은 Job Profile이라고 합니다.)

직무 조사는 다음과 같은 방법으로 수행할 수 있습니다.

- 관찰법: 수행자를 직접 관찰하며 업무 내용을 파악
- 면접법: 직무 수행자 혹은 리더를 대상으로 개별/집단 인터뷰 진행
- 전문가 워크숍SME Workshop: 직무 전문가Subject Matter Executive를 대상으로 한 워크숍을 통해 스스로 직무 내용을 기술

실무에서는 SME 워크숍을 통한 자기 기술Self Description 방식이 가장 효율적이며 정확성도 높게 나타납니다.

직무 기술서 양식

직무 기술서

확인자	소속	
	직급	
	이름	
작성자	소속	
	직급	
	이름	
작성일		

1. 직무 개요

소속		직무			직무 담당자
부서	팀	직군	직렬	직무	

2. 직무 정의

직무 목적	

3. 직무 내용

대표 과업	세부 업무	산출물

4. 직무 수행 자격 요건 및 필요 역량

요구 학력	학력 수준		필요 지식	
	관련 전공		필요 기술	
요구 경력	경력 기간		관련 자격/면허	
	관련 분야		기타(자유 기술)	
필요 역량				

5. 직무 KPI

목표	KPI	특성	측정 단위	산식
	1)			
	2)			
	1)			
	2)			

직무 조사를 위한 워크숍을 실시하기 전 선행되어야 할 작업은 직무 기술서 양식Job Profile Template을 설계하는 것입니다. 직무 조사에서 가장 중요한 작업으로, 양식이 잘못 설계될 경우 왜곡되거나 제한된 직무 정보를 얻을 수 있으며, 직무 조사의 타당성이 낮아지게 됩니다.

직무 기술서 양식을 설계할 때는 다음의 항목을 조사해야 합니다.

- 직무의 정의: 해당 직무가 존재하는 목적(ex. 무엇을 위해 어떤 일을 하는 것을 목적으로 하는 직무)
- 핵심 목표: 정량적/정성적 목표를 모두 포함
- 과업 및 세부 활동: 대표성 있는 과업과, 그 과업의 수행을 위한 세부 활동 내용, 해당 활동을 통해 도출하는 산출물, 협업 팀(산출물 도출을 위해 협업이 필요한 팀)
- 자격 요건: 학력 수준 / 경력 기간
- 필요 역량: 직무 수행에 필요한 역량
- 선/후행 직무: 직무 수행 전 경험이 필요한 직무, 해당 직무 수행 이후 경험할 수 있는 직무(이를 통해 향후 CDP 수립의 기초 정보를 파악)

직무 기술서는 목적에 따라 기재 항목이 달라질 수 있으며, KPI 도출이 목표이므로 반드시 해당 직무의 핵심 산출물 및 KPI를 기재하도록 합니다. 직무 전문가가 기재한 직무 KPI를 바탕으로 직무 KPI 풀을 도출할 수 있으며 해당 풀에서 최종적으로 적합한 KPI 지표를 선택하게 됩니다.

5장

KPI 설계의 핵심 요소

핵심 지표 선별

KPI는 풀을 도출하는 것도 중요하지만, 그중 핵심이 되는 소수의 지표를 선별해 내는 작업이 더 중요하고 어렵습니다. 앞서 언급했듯이 KPI가 과도하게 많아질 경우, 구성원에게 전략적 방향성을 효과적으로 전달하지 못하며, 무엇을 우선시해야 하고 지향해야 할 바람직한 행동은 무엇인지에 대한 메시지를 흐리게 만들 수 있습니다. 따라서 도출된 KPI 풀 내에서 다음 기준을 활용해 핵심 KPI를 선별해야 합니다.

① **중요성**

먼저 해당 KPI가 핵심적인 업무를 측정하는지를 우선 검토해야 합니다. 다음과 같은 지표는 핵심 지표로 보기 어렵습니다.

- 단기적·일회성 업무를 평가하는 지표
- 경영진의 비정기적인 수명(受命) 업무와 같은 일회성 지시 사항에 관한 지표(단, 전략적으로 중요성이 높다면 예외적으로 핵심 지표로 평가 가능)
- 다른 KPI의 하위 지표이거나 일부 요소만을 반영하는 파생 지표

핵심 KPI는 구성원의 주요 성과와 핵심 전략 실행을 대표할 수 있는 수준의 지표여야 하며, 조직 전체의 흐름을 반영할 수 있어야 합니다.

② **전략 연계성**

해당 KPI가 조직의 비전, 전략, 목표와의 정합성을 갖추고 있는지를 판단해야 합니다. 이때, 단위 조직(팀/파트)의 성과뿐만 아니라 전사적 성과 달성에 실질적으로 기여할 수 있도록 구성원에게 명확한 방향성을 제시하고 있어야 합니다. 즉, KPI는 단순한 직무

하위 주요 과제의 팀별 매핑 및 핵심 업무 구분 양식

사업부 미션	관점	세부 전략	❶ 하위 주요 과제 도출 (주요 수행 업무)	❷ 팀 매핑	❸ 핵심 업무 여부
	재무 관점				핵심 핵심 비핵심
	고객 관점				

❶ BSC 관점에 따라 도출한 세부 전략과 전략 실행을 위한 주요 과제 도출

❷ 주요 과제별 담당 팀을 매핑(중복 매핑 가능)

❸ 해당 과제가 핵심 과제인지 비핵심 과제인지 판단(아래 항목 중 하나라도 해당되면 비핵심 업무)
  - 일회성/단기적 업무
  - 전략과 상관 없는 운영적 측면의 수명 업무
  - 다른 업무의 부분 또는 하위 업무
  - 루틴한 운영성 업무(직무 조사를 통한 직무 KPI 도출로 보완 가능)

처리 수준이 아닌 조직 전략의 실행력으로 이어지는 연결고리가 되어야 합니다.

③ 측정 가능성

KPI는 객관적인 데이터로 측정 가능해야 합니다. 이때 단순히 수치화할 수 있느냐가 아니라, 정확하고 신뢰할 수 있는 데이터를 꾸준히 수집 및 확보할 수 있는가가 중요합니다. 정성 지표라도 리커트 척도 등 구조화된 평가 방식이 병행된다면 측정 가능성을 인정할 수 있습니다.

④ 통제 가능성

KPI는 피평가자가 해당 지표의 달성 여부를 직간접적으로 결정하거나 영향을 미칠 수 있어야 하며, 그 결과에 대해 실질적인 책임을 질 수 있는 구조여야 합니다. 구성원이 통제할 수 없는 영역에 대해 KPI를 부여하면 불신과 동기 저하를 유발하게 됩니다.

⑤ 이해 가능성

KPI는 간결하고 직관적이어야 하며, 해당 지표가 요구하는 성과와 행동이 무엇인지 구성원이 명확히 이해할 수 있어야 합니다.

지표 자체가 모호하거나 복잡할 경우 실행력과 수용성 모두 저하될 수 있으므로, KPI는 명확한 정의와 산식을 포함한 설명 구조로 제시되어야 합니다.

⑥ 행동 지향성

KPI는 단순한 평가 수단이 아닌, 조직이 구성원에게 보내는 명시적 메시지입니다. 구성원에게 '무엇을 잘하라'가 아니라 '어떻게 행동해야 성과를 낼 수 있는가'를 제시하는 도구가 되어야 하며, KPI를 통해 바람직한 행동과 습관을 유도할 수 있어야 합니다.

⑦ 지표 간 균형성

KPI는 단순히 결과만을 측정하는 것이 아닙니다. 업무 수행의 흐름을 고려하여 투입Input – 과정Throughput – 산출Output 세 가지 관점이 균형 있게 포함되어야 하며, 지표 간의 편중 현상이 없는지도 검토해야 합니다. 이러한 균형은 성과를 다각도에서 관리할 수 있도록 도와주며, 그로 인해 업무의 전 과정에서 구성원에게 바람직한 행위를 유도하게 됩니다.

핵심 KPI를 선정하는 과정은 단순한 점수 합산이 아닌, 전략과 실행, 실현 가능성과 관리 효율성 사이의 균형을 찾는 정성적 판

팀별 핵심 업무에 대한 KPI 선정

팀	관점	주요 과제 (주요 수행 업무)	핵심 업무 여부 (핵심/비핵심)	정량/정성 여부 (정량/정성)	평가 방법	❹ 선택 기준(상/중/하)					❺ 선택
						전략 연계성	측정 가능성	통제 가능성	이해 가능성 (구성원 수용성)	행동 지향성	
팀 1	재무적 관점										
	고객 관점										
	프로세스 관점										
	학습/성 장 관점										
팀 2	재무적 관점										
	고객 관점										

❹ 5가지 영역을 상/중/하로 평가

- 전략 연계성: 조직 전체의 비전, 전략 또는 목표를 충분히 반영하고 있는가?
- 측정 가능성: 지표가 정량적이든 정성적이든 측정이 가능하고, 측정을 위한 관련 데이터를 확보할 수 있으며, 그 데이터가 신뢰성이 있는가?
- 통제 가능성: 해당 조직에서 지표에 직접적 또는 간접적으로 영향을 미칠 수 있으며 성과 책임이 있는가?
- 이해 가능성: 지표가 뜻하는 바가 명료하고 구성원이 이해하기 쉬운가?
- 행동 지향성: 단순한 실적 평가 외에 성과 달성 및 개선을 위한 행동을 유도하는 지표인가?

❺ 5가지 영역 중 2개 이상 '하' 발생 시 선택 지양

단 작업입니다. 이러한 기준을 토대로 KPI를 선별한다면, 조직 구성원은 무엇을 성과로 정의하고, 어떤 방향으로 행동해야 하는지를 명확하게 인식할 수 있게 됩니다.

선정 기준	설명
중요성	일회성, 단기성, 하위 지표가 아닌 전략적 과제를 대표하는 핵심 지표인가
전략 연계성	조직의 비전, 전략과 연계되어 있고 단위 조직 및 전사 성과에 실질적으로 기여하는가
측정 가능성	객관적이고 신뢰 가능한 데이터를 기반으로 성과를 측정할 수 있는가
통제 가능성	구성원이 지표에 영향을 미치고 성과에 책임질 수 있는가
이해 가능성	구성원이 지표의 의미와 방향성을 명확하게 이해할 수 있는가
행동 지향성	지표가 구성원에게 바람직한 행동 방향을 유도할 수 있는가
지표 간 균형성	투입 – 과정 – 산출 관점의 균형이 지표 그룹 안에 확보되어 있는가

산식 설정

KPI 지표를 도출한 뒤에는, 해당 지표를 수치로 평가하기 위한 '산식Formula'을 설계해야 합니다. 산식은 단순한 계산식을 넘어, 성과의 본질을 정의하고 구성원의 행동을 유도하는 설계도라고 정의할 수 있습니다. 따라서 KPI 산식은 목적, 데이터 수집 가능성, 측정의 타당성, 산식 적용에 따라 우려되는 부작용 등을 다각도로 고려하여 신중하게 설정해야 합니다.

성과의 본질을 반영하는 방식을 선택하라

지표마다 적합한 산식의 구조는 다릅니다. KPI가 지향하는 목적이 추이 분석인지, 목표 달성률 측정인지, 절대 실적 측정인지에 따라 절댓값, 비율, 변화율 등 다양한 수치 표현 방식 중 하나를 선택해야 합니다.

KPI	산식	목적
매출 성장률	(당기 매출 − 전기 매출) ÷ 전기 매출 × 100	전년 대비 성과 추이
목표 달성률	실적 ÷ 목표 × 100	계획 대비 성과 측정
불량률	불량 건수 ÷ 총 생산량 × 100	품질 수준 관리

데이터 수집 가능성과 일관성을 검토하라

아무리 타당한 지표라 하더라도, 실질적으로 측정 불가능하거나 데이터의 일관성이 떨어지면 KPI로서의 기능을 상실합니다. 산식의 분자와 분모를 모두 동일 기준으로 측정할 수 있고, 반복적으로 수집할 수 있어야 신뢰도 높은 평가가 가능합니다.

>**예시**
>- KPI: 1인당 생산성
>- 산식: 총생산량 ÷ 총인원수
>- 유의점: ERP, MES, HR시스템 등에서 자동 수집이 가능해야 하며, 수치의 기준도 명확해야 함

주관적 기억에 의존하는 수치는 되도록이면 KPI로 삼지 않으며, 시스템을 통해 데이터를 분석하거나 수집할 수 있는지 여부를 사전에 검토해야 합니다.

부작용을 예측하라

잘못 설계된 산식은 의도치 않은 부정적 행동을 유도할 위험이 있습니다. 예를 들어, 단순히 '처리 건수'만 평가하는 KPI는 구성원으로 하여금 양적 성과에만 집중하게 만들어 품질을 등한시하

거나 희생시키는 행동을 유발할 수 있습니다. 이런 경우, 보완 지표(보정 계수)를 추가하거나 복합 산식으로 보완하는 방식이 필요합니다.

KPI	산식	보완법
고객 문의 처리 건수	순수 처리 건수	고객 만족도 평균 점수를 가중치로 보정
생산량	단순 총생산 수	불량률을 반영한 정품 생산량으로 조정

정성적 지표도 구조화하라

정성적 지표는 수치화가 어렵다고 간주하여 산식을 아예 설계하지 않는 경우가 많습니다. 그러나 명확한 기준 없이 평가를 진행하면 평가자의 주관성과 해석 편차로 인해 신뢰성이 떨어져 구성원의 저항이 발생하게 됩니다. 따라서 정성적 지표에도 등급화, 점수화, 비율화 등 구조화된 평가 방식을 도입하려는 노력이 필수적으로 요구됩니다.

예시 1
- 지표명: 회의 기여도
- 산식: 의견 채택 건수 ÷ 총 발언 수
- 목적: 단순 '참여'보다 '실질적 기여'를 중심으로 평가

> **예시 2**
> - 지표명: 고객 응대 품질
> - 산식: (긍정적 피드백 비율 + 민원 처리 만족도 평균 − 재민원 발생률) ÷ 3
> - 목적: 단일 피드백보다 품질, 지속성, 고객 관점의 통합 평가 유도

이렇게 구성된 산식은 정성 평가에 객관성과 일관성을 부여하며, 조직 전반의 평가 수용성도 높일 수 있습니다.

항목	유의점 요약
목적 일치	지표의 본질에 부합하는 수치 표현 방식 선택
데이터 측정성	데이터 수집의 자동화 및 반복 측정 가능성 확보
행동 유도 검토	부작용 유도 가능성 차단, 보정 지표 및 복합 산식 고려
정성 지표 수치화	등급화 · 점수화 · 비율화를 통해 정성 평가에도 산식 적용 필수

가중치 부여

●

KPI의 가중치Weight는 조직의 전략적 목표를 구성원이 정확히 인식하고 집중할 수 있도록 돕는 핵심 수단입니다. 단순한 숫자의 합산이 아닌, 조직의 목표 · 방향과의 정렬, 업무 중요도, 우선순위, 중복 여부 등을 종합적으로 고려해 설계되어야 합니다.

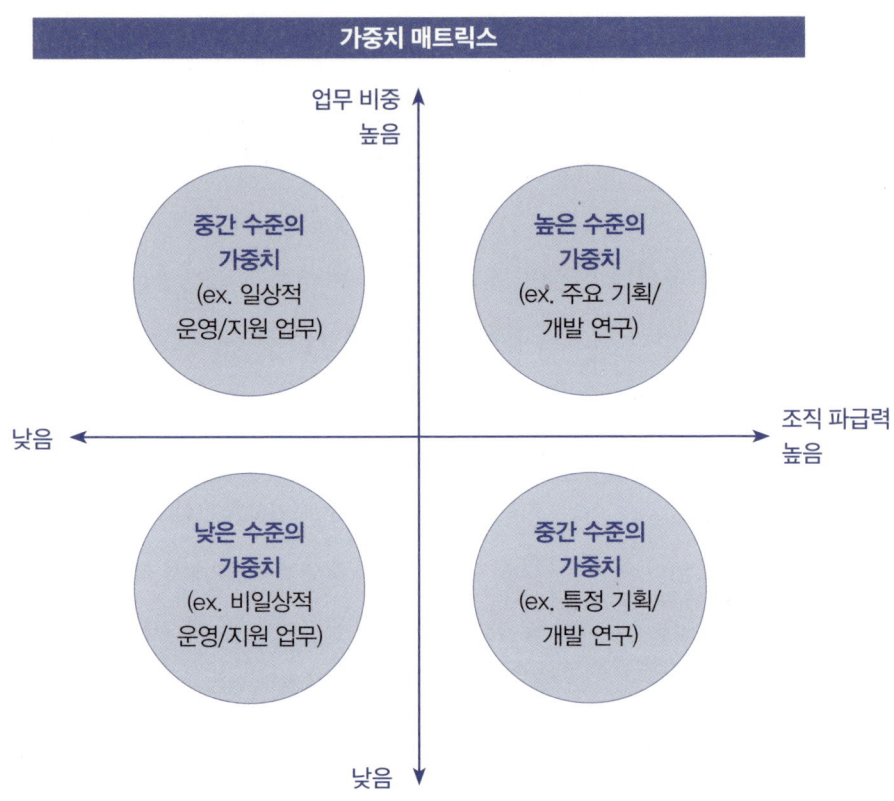

　가중치를 설계하기 위해서는 대표적으로 '업무 비중'과 '조직에 미치는 파급력'이라는 기준을 고려할 수 있습니다. 업무 비중이 높으며 조직 파급력도 높을 경우 높은 수준의 가중치를, 그 반대의 경우 낮은 수준의 가중치를 부여합니다. 업무 비중과 조직 파급력이 적절한 비중으로 존재할 경우 중간 수준의 가중치를 부여합니다.

쉽게 말하자면, 먼저 조직이 업무에 투여하는 시간 및 노력에 따라 전체 100% 중에서 차지하는 비중을 판단합니다. 그다음, 조직 내에서 해당 업무의 결과가 얼마나 큰 영향력을 갖는지 혹은 전략적으로 얼마나 중요한지를 고려하여 가중치를 부여합니다. 가중치는 일방적으로 결정될 수도 있고, 평가자와 피평가자의 합의에 따라 결정될 수도 있습니다.

전략적 중요도를 고려하라

가장 먼저 고려해야 할 기준은 해당 KPI가 조직 전략과 얼마나 밀접하게 연결되어 있는가입니다. 성과에 미치는 영향력이 큰 KPI일수록 높은 가중치를 부여하여 구성원이 자원을 집중하고 행동 우선순위를 조절하도록 유도해야 합니다.

KPI	전략 연계성	가중치
첫 번째 접촉 해결 비율(FCR)	높음	40%
평균 응답 시간	중간	20%
내부 프로세스 개선 건수	중간~낮음	10%

예를 들어 고객 접점 부서의 경우 '첫 번째 접촉 해결 비율', 즉 FCRFirst Contact Resolution은 고객 만족도와 유지율에 직결되므로 높은 가중치를 부여하고, 단순 응답 속도보다는 문제 해결의 질적 측면에 가중치를 두는 것이 전략적으로 타당한 접근입니다.

KPI를 설계할 때는 '이 지표가 전략 목표에 얼마나 직결되는가?'를 묻고, 가중치 기준표를 병행 설계하는 것이 좋습니다.

지표 간 중복성과 상호작용을 고려하라

KPI 간 내용의 중복이나 과도한 상호작용이 발생할 경우, 가중치 분산에 따른 평가 왜곡이 발생할 수 있습니다. 이 경우 중복 지표는 통합하거나 대표 지표 중심으로 재설계하고, 가중치를 의도적으로 조정하여 편중을 완화하는 등의 보완 작업이 필요합니다.

중복 지표	문제점	개선 방향
고객 만족도(CSAT) + NPS	고객 경험 측정 중복, 해석 중복 가능성 있음	대표 지표(NPS) 선택, CSAT은 참고용으로 활용
생산성 + 처리 건수	단순 수치 중복 → 질적 요소 미반영	생산성에 품질 계수 추가 또는 하나로 통합

변화에 따라 유연하게 가중치를 조정하라

조직의 KPI 체계는 정적인 시스템이 아니라 동적인 경영 관리 도구입니다. 조직 전략, 사업 환경, 구성원의 역할 변화에 따라 정기적인 진단을 통해 가중치를 재설정하는 노력이 필요합니다.

- 분기별 또는 반기별 KPI 진단으로 가중치 재조정
- 특정 KPI가 비현실적이거나 무의미해졌다면, 가중치를 낮추거나 KPI 자체를 교체
- 신규 TF, 위기관리 상황 등에서는 임시 KPI와 가중치 항목을 별도로 설정 가능

시기/상황	KPI 조정 이유	조치 내용
신규 사업 진출 초기	고객 확보 관련 KPI 비중 강화 필요	고객 유입률 KPI 가중치 상향
내부 통제 강화 시기	리스크 대응 역량 중요도 상승	컴플라이언스 지표 가중치 추가 또는 상향
기존 KPI 실효성 저하	반복적 보고만 발생, 실질적 성과 연결 낮음	KPI 제거, 대체 KPI 신규 도입

다음 표를 통해 각 KPI 항목별로 전략적 중요도, 성과 영향력, 측정 및 통제 가능성 등을 평가하여 가중치를 결정할 수 있습니다.

KPI 항목	전략 연계성 (0~10)	성과 기여도 (0~10)	측정 가능성 (0~10)	통제 가능성 (0~10)	이해 용이성 (0~10)	중복 여부 (중복 시 감점)	가중치 제안(%)	비고

KPI 관리 양식 작성

●

KPI 도출의 마지막 단계는 조직 내 각 팀이 관리해야 할 핵심 성과 지표를 체계적으로 정의하고 관리하기 위한 양식을 작성하고 정리하는 것입니다. KPI의 기본적인 정보를 기재함으로써 설계한 KPI의 정보를 최대한 체계적으로 정리해야 합니다. 또한, 담당 팀 및 팀원을 기재하여 KPI 달성의 책임 소재를 명확히 해야 합니다. 해당 문서가 체계적으로 작성되어 있으면 모호한 업무 영역에 따른 구성원 간 갈등을 예방할 수 있을뿐더러, 신규 입사자의 조직 적응을 돕는 부수적인 효과도 얻을 수 있습니다.

KPI 관리 양식이란?

KPI 관리 양식이란 조직 내 각 부서 및 팀이 관리해야 할 KPI

를 체계적으로 정의하고, 꾸준히 관리하기 위한 표준 양식입니다. 단순한 리스트를 넘어서 KPI의 명칭, 측정 방식, 산식, 책임자, 평가 주기 등을 명확히 기록함으로써 KPI 운영 체계의 신뢰성과 실행력을 높이는 핵심 도구로 활용됩니다.

목적과 효과

KPI 관리 양식은 다음과 같은 목적과 기능을 수행합니다.

목적	기능
정보 정합성 확보	KPI의 명칭, 정의, 산식, 단위 등을 체계적으로 기록하여 정보 누락 · 혼선을 방지
전략 정렬 확인	KPI가 조직 전략과 목표에 부합하는지 문서화된 정보를 바탕으로 검토 가능
책임 소재 명확화	KPI의 담당 조직 및 담당자(Owner)를 명시하여 성과 관리 책임을 명확히 분배
중복 및 누락 방지	유사 KPI 또는 비어 있는 업무 영역 파악을 통해 지표 설계의 완성도 제고
지속적 운영 체계화	정기적 리뷰 및 수정이 가능한 형태로 문서화하여 연간 KPI 운영 프로세스의 지속 가능성 확보

구성 항목

항목명	설명
KPI 명칭	핵심 성과 지표의 간단한 이름 (ex. 고객 만족도, 1인당 생산성 등)
KPI 정의	해당 KPI가 무엇을 의미하는지, 어떤 성과를 측정하기 위한 것인지 서술
산식	수치 계산 방법 (ex. 완료 건수 ÷ 총 요청 건수 × 100)
측정 단위	퍼센트, 건, 시간 등 측정에 사용되는 단위
측정 주기	월간/분기/연간 등 성과 수집 및 평가 빈도
데이터 출처	ERP, CRM, 수기 입력 등 해당 KPI를 측정하는 데이터의 수집 시스템 또는 방법
목표치	당해 연도 또는 반기 내 KPI 목표 수치 (ex. 95% 이상)
담당 조직	해당 KPI의 운영·모니터링을 책임지는 팀 또는 부서
담당자	책임 담당자 이름 혹은 직책
관리상의 유의 사항	산식 해석, 평가 시 유의점, 타 부서 협조 여부 등 운영 시 고려할 사항

작성 예시

KPI 명칭	KPI 정의	산식	단위	주기	목표	담당 조직	담당자
고객 불만 처리율	접수된 고객 불만 중 처리 완료 비율 측정	(처리 완료 건수 ÷ 총 접수 건수) × 100	%	월간	≥ 95%	고객 지원팀	김지원 대리
신규 고객 유입률	월 기준 신규 유입 고객 비율 측정	(신규 고객 수 ÷ 전체 고객 수) × 100	%	월간	≥ 10%	마케팅 팀	이현우 팀장

\<center\>**KPI 관리 양식**\</center\>								

지표명					단위 (건/ 회/% 등)		팀	
지표 정의								
지표 산식								
담당 팀원 (복수 기재 가능)								
측정 유형	화폐		시간		양		질		기타
관점	재무		고객		프로세스		학습과 성장		기타
측정 주기	월		분기		반기		년		수시
비고								

6장

KPI 운영법

    KPI를 수립한 후 이를 어떻게 운영하고 평가할 것인지에 대한 기준을 수립하는 것은 지표의 성과 관리 체계를 실질적으로 작동하게 만드는 핵심 요소입니다. 운영 방식은 정량적 지표와 정성적 지표로 나누어 각각의 특성과 평가 기준에 맞게 설계되어야 하며, 업무 유형과 반복 주기에 따라 평가 관점 역시 달라져야 합니다.

정량적 지표의 운영법

•

정량적 KPI는 수치 기반의 절대적/상대적 성과를 평가합니다. 이때 지표의 속성에 따라 목표 설정 방식, 달성 평가 기준, 산식 구조가 달라지므로, 반드시 아래의 4가지 유형으로 분류하여 평가 체계를 수립해야 합니다.

① 목표 대비 달성형

목표 대비 달성형은 목표 기준 대비 초과 달성 정도를 절대적으로 표현할 수 있는 지표입니다. 즉 목푯값을 달성한 이후 추가

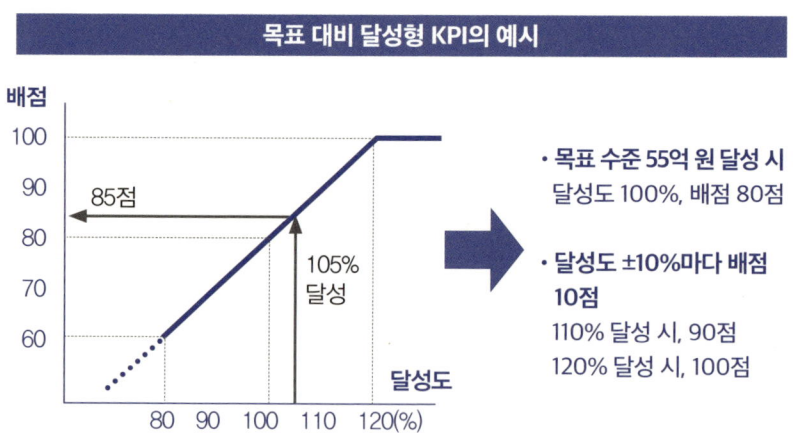

적인 달성이 가능한 지표이며, 달성률이 높으면 높을수록 우수 성과로 평가되는 지표입니다. 주요 지표로는 영업 이익, 시장 점유율, 매출액, 공정 개선 건수 등이 있습니다. 산식의 대표적인 예시는 '(실적 ÷ 목표) × 100'이라고 할 수 있습니다.

② 100% 추구형

성과 최고 기준이 100%로 고정되어 있기에 초과 달성이 불가능한 지표입니다. 즉 정확하게 100%에 도달하는 것이 최상의 결과입니다. 대표 지표로는 고객 유지율, 적시 납품율이 있습니다.

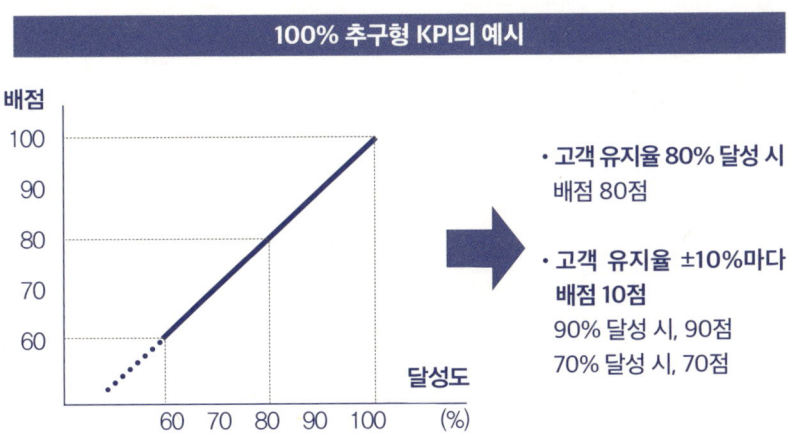

③ 범위형

범위형은 절대적인 수치가 아닌 일정 범위 안에 실적이 포함되는지 여부에 따라 성과가 판단되는 지표입니다. 즉 특정 수치 범위 안에 실적이 위치해야 바람직한 성과로 평가되며, 목푯값 수치를 절대적으로 초과한다고 해서 우수 성과로 간주되지 않습니다. 적정 구간 유지가 핵심인 지표이며, 자산 건전성 비율, BIS 기준 자기 자본 비율, 자본 대비 부채 비율 등이 있습니다. 위험 관리를 위한 재무 건전성 관련 지표에 적합한 유형입니다.

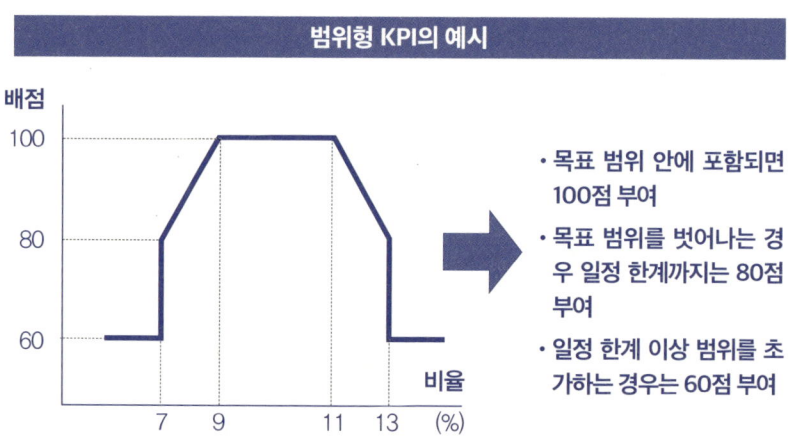

④ 감소형

감소형은 이상 발생 건수나 오류 발생률 등 수치가 낮을수록 바람직한 성과를 의미하는 지표로, '없음'이 최상의 상태를 의미합니다. 즉 발생하지 말아야 할 행위 혹은 사건을 측정하는 지표라고 할 수 있습니다. 안전사고 발생 건수, 불량률 등이 있습니다.

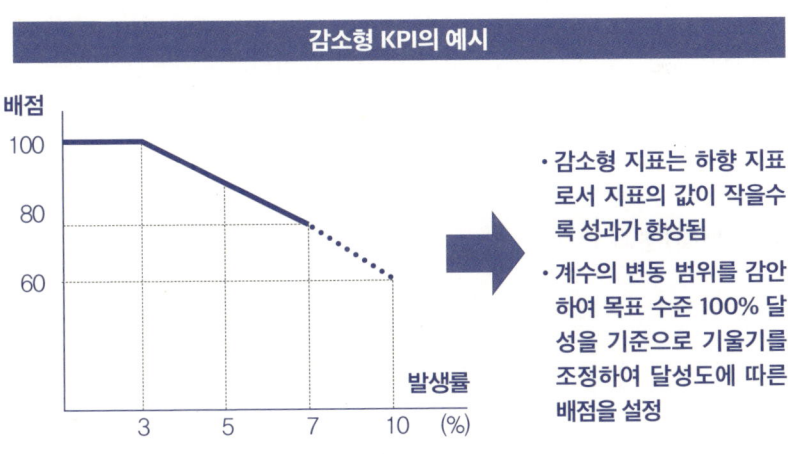

정성적 지표의 운영법

•

정성적 지표는 성과를 수치로 환산하기 어려운 업무의 질적 성과를 평가합니다. 업무의 성격에 따라 평가 기준이 달라지므로, 아래와 같이 업무 유형을 먼저 구분해야 합니다.

① 일상적 관리/서비스 업무

보고서 제출, 고객 대응, 운영 지원 등의 업무를 의미하며, 일상적 관리 및 서비스 업무의 경우 일정 준수, 완벽성, 적시성, 신뢰성 관점에서 업무를 평가하는 것이 바람직합니다.

② 분석/조사 업무

시장 조사, 실적 분석 등의 업무를 의미하며, 일정 준수, 만족도, 효과성, 신뢰성, 효율성 관점에서 평가되는 것이 바람직합니다.

③ 전략/대안 수립 업무

사업 전략 수립, 조직 변화 기획, 제안서 작성 등의 업무를 의미하며, 혁신성, 완성도, 실행력, 타당성 관점에서 평가되는 것이 바람직합니다.

④ 공헌/조직 기여 업무

TF 참여, 조직문화 개선 등의 업무를 의미하며, 기여도, 조직 관점의 효과성, 협업도 관점에서 평가되는 것이 바람직합니다.

업무 유형을 구분한 다음에는 다음과 같은 등급 체계를 기반으로 정성적 지표를 평가할 수 있습니다.

등급	평가 기준 및 설명
A	사전 기획력, 데이터 기반의 완결성, 피드백 수용 및 자기 성찰력, 우수 실행력
B	기획과 실행 모두 기본 수준 충족, 다소 보완 여지 있음
C	결과물 완성도 부족, 계획 대비 미진, 정확성/객관성 미흡
D	일정 미준수, 반복 오류, 성과 기여도 매우 낮음

평가 기준	우수 (기대 수준 초과, A)	보통 (기대 수준 부합, B)	미흡 (기대 수준 미달, C)
일정 준수	• 예상치 못한 일이 발생한 상황에서도 최종 납기뿐만 아니라 중간 일정도 정확히 준수함 • 업무 수행 중 사소한 부분에 이르기까지 모든 사항에 철저한 점검 과정을 거침	• 대체로 사전에 정해진 납기를 준수함 • 업무 수행 중 중요 사항에 대해 중간 점검 과정을 거침	• 일정을 준수하지 못해 업무 수행에 차질이 발생함 • 업무 수행 중 대부분의 사항에 대해서 중간 점검 과정을 소홀히 함
적시성	• 미리 예상하지 못했음에도 불구하고 필요한 시점에 정확히 업무를 마무리함 • 예상치 못한 일정 변경 시에도 추가적인 노력을 투입하여 완벽히 대응함	• 예상 시점보다 다소 차이는 있으나, 큰 문제를 발생시키지는 않음 • 예상치 못한 일정 변경으로 마감 기한은 준수하지 못했지만, 허용 가능한 수준임	• 예상한 시간보다 상당한 차이가 있을 뿐만 아니라 이로 인해 업무 수행에 심각한 지장을 초래함 • 예상치 못한 일정 변경 시 전혀 대응하지 못함
완벽성	• 결과물에 전혀 오류가 없음 • 업무 관련 절차 및 규정을 사소한 것까지 모두 정확히 준수함 • 결과물에 추가적인 작업이 필요 없음 • 내용 및 형식상에 전혀 문제가 없음	• 결과물에 사소한 오류가 있으나, 관련 업무 수행에 커다란 문제 없음 • 대체로 업무 관련 절차 및 규정을 준수함 • 결과물의 일부 형식 및 내용상 수정/보완 작업이 필요하나 허용 가능한 수준임	• 결과물 오류로 인해 소속 부서 및 회사에 손실을 끼침 • 업무 관련 절차 및 규정을 대부분 무시함 • 상당 부분 재작업을 해야 함 • 주요 내용 및 형식상에 치명적인 문제가 존재함
신뢰성	• 업무 수행 과정/결과를 상위 관리자 또는 관련 부서가 확인해 보지 않아도 전혀 문제가 없음	• 업무 수행 과정/결과를 상위 관리자 또는 관련 부서가 간혹 확인하는 것으로 충분함	• 업무 수행 과정/결과를 시시때때로 확인하여 전반적으로 오류를 수정/보완해야 함

기여도	• 관련 조직 및 상위 조직 목표 달성에 크게 기여함 • 해당 업무의 목적에 정확히 부합함	• 관련 조직 및 상위 조직 목표 달성에 예상 수준으로 기여함 • 해당 업무 목적에서 크게 벗어나 있지 않음	• 업무 수행 결과가 관련 조직 및 상위 조직 목표 달성에 부담으로 작용함 • 해당 업무 목적에 전혀 부합되지 않음
효과성	• 업무 성과가 관련 부서뿐만 아니라 전사 차원에 매우 긍정적인 영향을 미침 • 기대한 이익 증대 또는 비용 감소 효과를 크게 초과하여 조기에 가시적 효과를 달성함(또는 기대됨) • 실행 계획을 당장 실행하더라도 전혀 문제가 없고, 단계별 로드맵 및 장애 요인에 대한 해결 방안까지 제시함	• 업무 성과가 상위 조직 성과 및 관련 부서에 긍정적인 영향을 미침 • 대체로 기대한 수준에 근접하는 이익 증대, 비용 감소, 인프라/경쟁력 강화 효과를 달성함 • 실행 계획이 현실적인 문제들을 고려하였으며, 일부 요소에 대해서는 실행 과정에서 충분히 수정 가능함	• 업무 성과가 관련 부서뿐 아니라 회사 전체에 부정적인 영향을 미침 • 해당 업무 수행 결과로 인해 이익이 감소하고, 비용이 증가함 • 실행 계획의 실행 가능성이 매우 희박함
효율성	• 최소의 자원/시간/인력 투입으로 최대의 성과를 이루어 냄 • 당초 기대치 또는 과거 유사 업무 사례와 견주어, 투입 대비 결과가 획기적으로 향상됨	• 적정량(또는 당초 예정한)의 자원/시간/인력 투입으로 기대 수준의 성과를 이루어 냄	• 당초 예정한 투입 자원/시간/인력 대비 실제 투입 규모가 현격히 증가함 • 투입 자원 규모 대비 결과물 수준이 기대 수준에 못 미침

혁신성	• 새로운 방법론, 통찰력(인사이트)을 개발하고 활용하여 기존 문제점을 완벽하게 극복함 • 더 높은 수준의 품질을 확보하기 위해 조직적인 희생을 마다하지 않음	• 기존에 있던 방법론을 활용하되, 일부 수정/보완하여 사용함 • 더 높은 수준의 품질을 확보하기 위해 추가적인 시간과 노력을 투입함	• 기존 방법론/시각을 벗어나지 못하고, 오히려 과거 대비 결과물의 완성도, 참신성이 저하됨 • 품질 향상에 대한 관심과 조직적으로 노력하는 모습 등이 미흡함
만족도	• 업무 수행 과정 및 결과가 해당 업무 목표 및 (내외부) 고객 요구 수준을 뛰어넘음 • (내외부) 고객이 업무 수행 과정 및 결과에 대해 매우 만족함	• 업무 수행 과정 및 결과가 해당 업무 목표 및 (내외부) 고객 요구 수준에 근접함 • (내외부) 고객이 업무 수행 과정 및 결과에 대체로 동의하고, 큰 이견이 없음	• 업무 수행 과정 및 결과가 당초 기대 수준 및 (내외부) 고객 요구 수준에 부합하지 못함 • (내외부) 고객이 업무 수행 과정 및 결과에 대해 불만족함

또한, 정성적 지표는 업무가 정기적으로 수행되는지, 일상적으로 반복되는지에 따라서도 평가 관점이 달라질 수 있습니다.

정기적 업무의 경우 기한 준수, 오류/사고 건수, 목표 달성 정확도를 중심으로 평가되며, 'S등급'은 단순 반복 수행을 넘어 프로세스 개선, 신규 툴 개발, 업무의 체계화 및 정형화까지 달성해야 합니다. 반대로 'D등급'은 기한도 지키지 못하고 오류가 반복되며 목표조차 미달된 경우를 의미합니다.

일상적 업무는 반복성과 정확성을 중심으로 평가되며, 핵심은

데이터의 정확성과 최신성 유지, 오류 최소화, 개선 제안의 실행력입니다. S등급은 초기 데이터Raw Data의 자동화 구현, 데이터 분석을 통한 시사점 제공 등 자산화 및 예측형 관리 체계로 발전된 상태를 의미하며, C~D등급은 단순 실행 위주이거나 오류/지연이 반복되고 관리 기준이 부족한 상태로 평가됩니다.

① 정기적 업무(ex. 월별 보고서 작성, 반기별 서비스 제공, 분기별 수행 업무 등)

- 핵심 평가 요소: 기한 준수, 업무 개선 정도, 오류/사고 건수, 목표 달성 정도
- S등급 요건: 단순 수행을 넘어 프로세스 개선, 툴 개발, 체계화 노력 포함
- C~D등급 요건: 지연, 오류 반복, 목표 미달

정기적 업무의 평가 기준 예시

목표	목표 달성 수준				
	S 탁월한 성과	A 초과 달성	B 달성	C 미흡	D 매우 미흡
월 1회 시장 동향 보고서 작성을 통한 영업 전략 수립 지원	• 보고서 필요 시 상시 열람 가능한 자동화 프로세스 구축 • 새로운 분석(조사) 툴의 적용을 통한 결과물의 신뢰성 및 활용성 제고 • 오류 점검 가능한 프로세스 구축 • 전사 보고서 작성 시 샘플로 활용 가능	• 1회/○일에 정해진 활동 혹은 보고를 수행함 (혹은 ○○까지 활동 또는 보고 완료) • 새로운 분석(조사) 툴의 적용을 통한 결과물의 신뢰성 및 활용성 제고 • 활동(보고)당 오류가 전혀 발생하지 않음 • 목표로 한 용도 외에도 활용 범위가 높음	• 1회/□일에 정해진 활동 또는 보고를 수행함 (혹은 □□까지 활동 또는 보고 완료) • 기존 분석(조사) 툴에 대한 개선 건수가 1~2건 이상 • 활동(보고)당 □회 이하 오류 발생 • 목표로 한 용도로 무리 없이 활용함	• 1회/△일에 정해진 활동 또는 보고를 수행함 (혹은 △△까지 활동 또는 보고 완료) • 기존 분석(조사) 툴을 개선 없이 무사히 적용 • 활동(보고)당 △회 이하 오류 발생 • 목표로 한 용도에만 가까스로 활용함	• 1회/×일에 정해진 활동 또는 보고를 수행함 (혹은 ××까지 활동 또는 보고 완료) • 기존 분석(조사) 툴의 미숙한 적용으로 ×회 이상 작업 오류 발생 및 재작업 발생 • 활동(보고)당 ×회 이상 오류 발생

② **일상적 업무**(ex. 자료 관리, 데이터 업데이트, 일상적 서비스 제공 업무 등)

- 핵심 평가 요소: 활동 완료 주기, 오류 건수, 개선 제안 및 실

행 건수

- S등급 요건: 자동화 구현, 시계열 기반 예측 관리, 자산화 구조 확립
- C~D등급 요건: 반복 오류, 관리 기준 미흡, 지시 중심 업무 수행

일상적 업무의 평가 기준 예시

목표	목표 달성 수준				
	S 탁월한 성과	A 초과 달성	B 달성	C 미흡	D 매우 미흡
효율적인 자료 관리를 통한 비용 절감	• 초기 데이터 변동에 따라 자동 업데이트 되는 자료 관리 프로세스 구축 기여 • 자료 관리 업무 관련 불만 혹은 지적 전무 • 전사 유사 자료 관리 업무에 일괄 적용 가능한 개선 방안 제공	• 1회/1일에 새로운 자료에 대한 업데이트 실시 • 자료 관리 업무 관련 불만 혹은 지적 건수가 월 ○회 이하 • 획기적인 자료 관리 및 활용 방식을 개발하여 자료 보관	• 2회/1주일에 새로운 자료에 대한 업데이트 실시 • 자료 관리 업무 관련 불만 혹은 지적 건수가 월 x회 이하 • 현재 관리하지 못하고 있는 자료에 대한 관리 방안 마련	• 1회/1주일에 새로운 자료에 대한 업데이트 실시 • 자료 관리 업무 관련 불만 혹은 지적 건수가 월 y회 이하 • 현 자료 관리 방식 대비 2~3건의 개선 방안 제공	• 1회/1달에 새로운 자료에 대한 업데이트 실시 • 자료 관리 업무 관련 불만 혹은 지적 건수가 주 A회 이하 • 현 자료 관리 방식에 대한 개선 노력이 없었음

Chapter 03

사례로 보는 KPI

7장

제조업 사례

자동차 산업

자동차 산업은 품질과 납기, 원가 경쟁력을 핵심으로 하는 고정밀 조립 산업이며, 여러 단계에 걸친 납품 끝에 완성차가 제작되는 복잡한 산업입니다. 따라서 KPI 설계 시 단순한 생산량뿐만 아니라 구매 및 판매 단가, 품질, 연구 개발, 생산 효율성, 협력사 대응력 등 성과에 영향을 주는 여러 주요 요인들을 복합적으로 고려해야 합니다.

연구 개발 영역

자동차 산업에서 연구 개발R&D 영역은 단순한 기술 확보를 넘어 제품이 실제로 상품화되는지 여부가 중요하므로, 이를 지표화할 수 있는 방법을 고민해야 합니다. 이 점을 반영한 '선행 과제 상품화율'은 중장기적인 연구 개발 활동이 실제 사업성과로 이어졌는지를 평가하는 대표적인 지표로, 기술이 시장에 성공적으로 적용되었는지를 판단하는 데 활용됩니다.

이와 함께 연구 개발은 프로젝트 중심으로 개발 절차가 진행되기 때문에 'PJT 목표 달성률'이 매우 중요합니다. 이 지표는 기술, 납기, 원가 등 여러 측면에서 프로젝트가 얼마나 성공적으로 진행되었는지를 종합적으로 판단하는 기준이 됩니다. 더불어 '연구원 역량 지수'나 '이직률'과 같은 인적 자원 관리 지표도 활용하여 연구소의 안정성과 지속 가능성을 진단할 수 있습니다.

R&D 지표는 자동차 산업이 단순 공정 제조를 넘어 하이테크 기술 중심 산업으로 전환하고 있다는 점을 반영해야 합니다. 기술력 강화를 강조하기 위해 사용할 수 있는 지표는 '기술 자립도', '혁신에 대한 참여율' 등이 있습니다. 이를 통해 연구소의 외부 기술 의존도를 낮추고 내부 기술 확보를 위한 활동을 유도할 수 있습니다.

KPI 지표명	산식 예시
선행 과제 상품화율	당해 연도 상품화 적용 건수 ÷ 5년간 선행 과제 완료 건수
주요 연구 과제 수행률	주요 연구 과제 ÷ 전체 수행 과제 수
연구원 역량 지수	(교육 이수율 × 0.3) + (전문 학회/논문 게재 목표 달성률 × 0.3) + (특허 출원 목표 달성률 × 0.4)
연구원 이직률	3년 이내 입사자 중 당해 연도 퇴사자 ÷ 3년 이내 전체 입사자
PJT 목표 달성률	(개발 목표 달성률 × 0.7) + (기술 확보 목표 달성률 × 0.3)
자립 연구 능력	연구소 기술력 자립도(정성 평가)

품질 관리 영역

자동차 산업에서 품질은 단순한 관리 항목이 아니라 경영의 핵심축으로 기능합니다. 완성차 제조사는 협력사의 품질 수준을 정밀하게 측정하기 위해 입고, 생산, 검사, 출하 등 모든 공정 단계에서 발생하는 품질 데이터를 수치로 관리하는 경향을 보입니다. 이에 따라 공정 단계별 품질 관리가 필요하며, '생산 불량률', '입고 불량률', '설비 불량률' 등과 같이 각각의 공정 단계에 따라 품질 상태를 확인할 수 있는 지표 설정이 필수입니다.

품질 관리에 실패했을 경우, 결품이 생김으로써 발생하는 비용을 '품질 비용'이라 부르며 이 역시 관리의 대상입니다. 품질 비용은 내부적 측면과 외부적 측면에서 모두 측정해야 합니다. 내부 실패 비용은 '폐기 금액'으로, 외부 실패 비용은 '고객 불만 건수'로 수치화할 수 있습니다. 이를 통해 품질 문제를 단순한 현장 이슈 정도가 아닌, 수익성에 직접 영향을 미치는 경영 과제로 중요하게 관리할 수 있습니다. 최근에는 ERP나 주문 시스템에서 발생하는 '오더 불량률'도 시스템 기반 품질 관리의 일환으로 함께 관리하는 사례가 늘어나고 있습니다.

자동차 산업에서 품질 목표는 대체로 매우 엄격하게 설정되며, 이를 달성하지 못할 경우 고객사의 제재, 납기 지연, 리콜 등으로 이어질 수 있습니다. 따라서 기업 전체가 공동으로 관리하는 구조가 정착되어야 합니다. 품질은 단순한 생산 지표가 아니라 고객 신뢰, 브랜드 가치와도 연결된 핵심 지표이기 때문입니다.

KPI 지표명	산식 예시
입고 불량	불량품 수 ÷ 입고 부품 수
생산 불량	(불량품 수 × 1,000,000) ÷ 전체 생산량
설비 불량	자동화 및 검사 설비 불량률
폐기 금액	불량품 폐기 금액
고객 불만	품질 문제로 인한 고객 불만 수

불량률	기준 불량률
주문(Order) 불량	잘못된 주문으로 인한 불량 입고 수

생산성 영역

자동차 산업은 적기 납품을 전제로 한 대량 생산 시스템을 운영합니다. 적기 납품을 위해 공정의 생산성 관리는 사업 운영의 핵심 요소라고 할 수 있습니다. 생산성과 관련된 주요 지표로는 '설비 가동률', '노동 생산성', '결근율' 등이 있으며, 이들은 생산 현장의 효율성과 낭비 요소를 진단하는 데 활용됩니다.

'노동 생산성'은 작업자가 표준 작업 시간 대비 얼마나 효율적으로 일하고 있는지를 보여 주는 지표로, 공정 병목 현상이나 작업자 간 업무 시간 편차를 진단할 수 있습니다. '설비 생산성'은 양품을 기준으로 시간당 생산량을 측정하여 설비 운영이 누수 없이 잘 운영되고 있는지 여부를 판단하는 데 사용됩니다. 또한, '결근율'은 단순히 생산 인력의 성실도를 파악하는 것을 넘어, 총 생산 인력의 현실적인 가용 범위와 생산 변동성을 예측하는 기초 지표로도 활용할 수 있습니다.

자동차 산업의 생산성 지표는 단순히 비용 절감을 위한 도구로

만 활용되지 않습니다. 품질, 납기, 공급망 관리와 유기적으로 연계되어 있으며, 전체 공정의 최적 운영을 위한 종합 지표로서 기능합니다. 따라서 현장의 작업자부터 경영진까지 모두가 참고하는 지표로 자리 잡고 있습니다.

KPI 지표명	산식 예시
결근율	(결근자 수 × 결근 시간) ÷ 정규 작업 시간
설비 생산성	(양품 수 × 사이클 타임) ÷ 평균 시간
노동 생산성	실제 투입 시간 ÷ 표준(목표) 투입 시간
설비 가동률	기준 시간 가동률
비가동 시간 절감률	시간 절감률
설비 고장 예방	예방 활동 건수

비용/원가 관리 영역

자동차 산업은 수만 개의 부품을 생산하고 조립하기 위한 복잡한 공정으로 구성된 구조이기 때문에 원가 관리의 중요성이 매우 큽니다. 이를 측정하기 위한 대표적인 지표로는 '단위 생산 원가 절감률', '외주 단가 인하율', '공정 개선 효과 금액' 등이 있으며, 이들은 실제로 원가를 얼마나 절감했는지를 수치로 보여 주는 주요 지표입니다.

공정 간 재공품 재고를 줄이는 것도 중요한 원가 관리 활동입니다. 재공품은 공정이 완료되지 않은 상태의 반제품을 의미하며, 그 보유 수준이 높을수록 공간과 자금에서 비효율이 발생하게 됩니다. 따라서 '재공품 재고 절감률'은 공정 간 흐름을 개선하고 리드타임을 단축하는 핵심 지표로 평가됩니다.

자동차 산업에서의 비용 관리는 단순히 숫자를 줄이는 것이 목적이 아닙니다. 고객과의 가격 협상에서 비용 관리의 우수성을 입증해야 하며, 원재료 비용 변동성에 대한 대응책을 수립하는 과정에서 핵심 역량으로 작용합니다. 또한 비용 절감 과정은 결국 생산성 향상에 직접 연결되므로 비용 절감 지표는 수익성을 유지하기 위한 전략적 도구로 기능합니다. 이러한 지표들은 생산, 구매, 품질, 재무 등 모든 부서가 공동으로 관리해야 할 핵심 관리 요소입니다.

KPI 지표명	산식 예시
단위 생산 원가 절감률	전기 대비 단가 감소액 ÷ 전기 단가
공정 개선 효과 금액	개선 전후 원가 차이 × 적용 수량
외주 단가 인하율	(협상 전 단가 – 협상 후 단가) ÷ 협상 전 단가
재공품 재고 절감률	전기 대비 재공품 재고 감소량 ÷ 전기 재공품 재고

공급망(SCM) 영역

자동차 산업은 글로벌 밸류체인 속에서 부품을 수급하고 정시에 고객에게 납품하는 커다란 생산 체계 안에 있기에 공급망 관리 지표는 매우 중요합니다. 대표적인 지표로는 '납기 이행률', '조달 리드타임', '비정상 발주 비율' 등이 있으며, 이 지표들은 부품 조달의 예측 가능성과 공급망 안정성을 관리하는 데 도움을 줍니다.

'협력사 평가 점수'는 납기, 품질, 단가 등 다양한 요소를 종합적으로 판단하여 협력사의 성과를 평가하고, 재계약에 대한 의사결정이나 공급망 관리 전략에 활용할 수 있는 지표입니다. 최근에는 단순한 수치 기반의 공급망 관리에서 벗어나 지정학적 리스크, 공급사 집중도, 국가별 의존도 등을 반영한 '공급망 리스크 지수'와 같은 정성적 지표도 활용되고 있습니다.

자동차 산업에서 공급망 지표는 단순히 운영 효율을 평가하는 지표가 아닌, 생산 차질과 리스크를 사전에 예방하고 글로벌 리스크에 대응하기 위한 핵심 지표로 자리잡고 있습니다. 반도체 등 고부가가치 부품은 특정 국가에 의존하는 경우가 많기 때문에, 공급망 관리 수준이 기업의 경쟁력으로 직결된다고 볼 수 있습니다.

KPI 지표명	산식 예시
납기 이행률 (On-Time Delivery, OTD)	정시 납품 수 ÷ 총 납품 수
조달 리드타임	발주일 ~ 입고일
긴급/비정상 발주 비율	긴급 발주 수 ÷ 전체 발주 수
협력사 평가 점수	납기, 품질, 단가 종합 평가
공급망 리스크 지수	지정학 · 공급 집중도 · 원자재 의존도 등 종합 점수화

반도체 산업

반도체 산업은 고정비 중심의 구조와 고정밀 생산이 요구된다는 특징이 있으며 '수율', '장비 가동률', '단위 생산비' 등을 핵심 관리 지표로 활용합니다.

연구 개발 영역

반도체 산업에서 연구 개발은 공정 미세화와 신소재 기술 개발 등 고도의 기술 경쟁력 확보에 집중하는 특징을 보입니다. 특히 '선행 기술 개발 성공률'이나 '신제품 개발 소요 기간'은 경쟁사보다 앞선 공정 기술을 확보하기 위한 핵심 지표로 활용됩니다.

'기술 이전율'은 등록된 특허 기술 중 실제 사업화에 성공하거나 기여한 정도를 측정하는 지표로, R&D 투자 대비 효율성을 직관적으로 평가할 수 있습니다. 또한 '공정 개선율'은 기술 혁신의 결과로 해석되며 생산성 개선에 직접 기여하는 지표입니다. 'IP 창출 건수'는 조직의 기술 집약도를 수치로 보여 주는 지표입니다.

이러한 R&D 지표는 고성능 반도체 시장을 선도하는 기업으로 하여금 전략적 R&D 우위를 지속적으로 확보하고 있는지에 대해 스스로 진단할 수 있도록 돕는 핵심 도구로 기능합니다. 해당 지표는 기술력 자체에만 집중한다기보다는 글로벌 경쟁 속에서 기술 자산의 실용성, 사업성과의 연결성 등을 함께 강조하는 것이 특징입니다.

KPI 지표명	산식 예시
선행 기술 개발 성공률	개발 완료 과제 수 ÷ 전체 계획 과제 수
기술 이전율	사업화 기술 수 ÷ 등록 특허 수
공정 개선율	개선 공정 수 ÷ 전체 생산 공정
신제품 개발 소요 기간	개발 착수일 ~ 제품 등록일
IP(특허) 창출 건수	기간 내 신규 출원 수

품질 관리 영역

반도체 품질은 제품 수율 자체를 결정할 뿐만 아니라 고객 불만 및 이탈과도 직접 연계되기 때문에 품질 관리는 경영 성과에 지대한 영향을 끼칩니다. '공정 불량률'은 제조 이전 단계에서 발생하는 미세 결함을 측정하며, '1차 수율'은 초기 공정에서 양품이 나올 확률을 보여 줍니다.

'고객 반품률'은 출하 후 품질에 대한 신뢰도를 측정하는 지표로, 특히 B2B 납품 고객이 대부분인 반도체 업계에서 중요한 지표입니다. '품질 비용 비중'은 품질 유지에 드는 간접비 및 사고 비용을 측정하는 지표로, 적절한 품질 투자와 비용 간의 균형을 점검할 수 있습니다.

KPI 지표명	산식 예시
공정 불량률	불량 수 ÷ 생산 수
고객 반품률	반품 수 ÷ 총 납품 수
품질 비용 비중	품질 관리 비용 ÷ 총 제조 원가
1차 수율	초기 공정 양품 수 ÷ 투입 수
품질 이슈 건수	VOC 또는 이슈 발생 건수

생산성 및 가동률 영역

반도체 제조는 장비 의존도가 매우 높은 산업이기 때문에, 생산성 지표는 사람보다 기계 중심으로 구성되는 경향을 보입니다. 특히 '장비 가동률'은 장비 투자 대비 효율성을 나타내는 핵심 KPI로, 설비 투입 대비 산출 성과를 파악하는 데 활용됩니다.

'라인 단위 생산성'은 인적 생산성 효율보다는 공정 흐름 최적화에 초점이 맞춰지며, '설비 이용률'은 장비 투자에 대한 실제 활용도를 의미합니다. 장비 투자 활용도는 정비 시간, 셋업 시간, 생산 준비 시간 등을 모두 포함하여 실질적인 가동률을 추산합니다.

'기준 생산 시간Takt Time'은 고객 수요에 맞춰 생산 속도를 결정하는 기준값으로, 납기 대응 능력과 관련됩니다. '작업자 생산성'도 물론 고려되지만, 전체적인 생산 흐름에서 인력보다는 자동화 및 설비 중심으로 구성된 지표가 더 중시되는 산업입니다.

KPI 지표명	산식 예시
장비 가동률	실제 가동 시간 ÷ 총 가능 시간
라인 단위 생산성	생산량 ÷ 작업자 수 또는 라인 수
설비 이용률	실제 활용 시간 ÷ 설비 보유 시간
기준 생산 시간	순 생산 시간 ÷ 고객 요구 수량

| 작업자 생산성 | 양품 생산량 ÷ 작업 시간 |

비용/수율 관리 영역

반도체 산업에서는 제품의 단가 자체가 높기 때문에 수율이 곧 수익성과 직결됩니다. '공정 수율'은 전 공정을 거쳐 최종적으로 양품으로 판정된 제품의 비율을 뜻하며, 수율이 1~2%만 변동되어도 수십억 원의 손익 차이를 가져올 수 있습니다.

'단위 생산 원가'는 고정비가 큰 반도체 산업 특성상 생산량과 수율에 따라 크게 변동되므로, 지속적인 수율 개선이 원가 경쟁력의 핵심이 됩니다. 특히 폐기 비용이나 고비용 공정 비율은 공정 효율화 및 원가 절감의 주요 대상입니다.

반도체 산업의 원가 및 수율 관련 지표는 대부분 전사적 손익 구조와 연결되며, R&D와 품질, 생산성과의 교차점에 놓여 있는 종합 성과 지표라고 볼 수 있습니다.

참고로 수율과 품질은 비슷해 보일 수 있지만, 관리 관점과 목적이 다릅니다. 수율은 전체 공정의 '최종 성과'에 해당하며, 투입한 웨이퍼Wafer 또는 다이Die의 수량 대비 얼마나 많은 양품이 나왔는지를 측정합니다. 반면, 품질은 불량의 원인과 유형에 초점을 맞추며, 공정 중 발생하는 개별 결함률이나 고객 VOC 등 하위 문제를 세분화하여 추적하는 데 목적이 있습니다.

따라서 반도체 산업에서는 수율과 품질을 서로 보완하는 KPI로 인식하며, 두 가지를 별도로 관리합니다. 수율이 높은데도 특정 고객으로부터 불량에 대한 불만이 다수 접수된다면 품질이 문제인 것이고, 불량이 적지만 수율이 낮다면 공정 전반의 최적화가 미흡하다는 것을 의미합니다. 이처럼 두 지표는 서로를 교차 검증할 수 있는 관계성을 보입니다.

KPI 지표명	산식 예시
단위 생산 원가	총 제조 비용 ÷ 생산 수량
공정 수율	양품 수 ÷ 총 투입 수
수율 개선율	전기 대비 수율 상승분 ÷ 전기 수율
폐기 비용	폐기 수량 × 단가
고비용 공정 비율	고비용 공정 수 ÷ 전체 공정 수

공정/장비 효율 영역

반도체 산업에서 장비 관리는 단순한 설비 운영이 아니라 수율과 품질을 결정짓는 핵심 요소입니다. 미세한 공정 편차 하나가 수억 원 단위의 불량으로 이어질 수 있기 때문에 장비의 안정성과 정밀 제어 여부가 매우 중요합니다. 특히 '트러블 건수', '고장 간격MTBF', '수리 시간MTTR' 등은 장비의 내구성과 공정 연속성 확보를 위한 핵심 관리 항목입니다.

'예방 정비 이행률PM Rate'은 계획된 정기 점검이 실제로 얼마나 이행되었는지를 확인함으로써 돌발 고장을 예방할 수 있도록 합니다. 또한, 최근에는 'FDCFault Detection & Classification'와 같은 자동 진단 시스템을 얼마나 넓은 공정에 적용하고 있는지도 공정 안정성 평가의 중요한 척도가 됩니다.

장비는 반도체 제조 비용에서 가장 큰 비중을 차지하는 자산이기도 하며, 동시에 생산성과 수율을 모두 좌우하는 인프라입니다. 따라서 장비 효율 지표는 단순 설비 KPI가 아니라, 공정 최적화, 품질 안정화, 수율 향상이라는 세 가지 목표를 동시에 견인하는 전략적 관리 항목입니다.

KPI 지표명	산식 예시
설비 트러블 건수	고장 발생 횟수(일/주 기준)
예방 정비 이행률(PM Rate)	정기 점검 수행 수 ÷ 계획 수
장비 평균 수리 시간(MTTR)	총 수리 시간 ÷ 수리 건수

장비 고장 평균 간격(MTBF)	총 운영 시간 ÷ 고장 건수
FDC 적용률	FDC 적용 공정 수 ÷ 전체 공정 수

제약/바이오 산업

연구 개발 영역

제약 및 바이오 분야는 본질적으로 연구 개발 집약형 산업이라고 할 수 있습니다. '신제품 개발 성공률'이나 '임상 진입률'은 기업이 중장기적으로 개발하고 있는 의약품, 기능성 화장품, 헬스케어 기기의 사업화 가능성 등을 가늠케 하는 핵심 지표로 사용됩니다.

특히 '연구 개발비 비중'은 업종 평균과 비교해 해당 기업이 R&D 투자 의지를 얼마나 보이는지를 판단할 수 있는 대표적인 지표이며, '제품 등록 소요 기간'은 연구 개발이 완료된 제품의 실제 시장 진입 속도를 측정하는 실무적 지표입니다. 제약 산업의 경우 식약처 외에도 각국에 있는 규제 기관의 승인일에 따라 시장 출시일이 결정되므로 해당 지표는 더욱 중요합니다.

K-바이오, K-뷰티 기업들의 수출 확대 전략이 성공적인지를

측정하는 지표로는 '글로벌 특허 출원 수'를 활용할 수 있습니다. 해외 특허 등록 현황은 기술 수출 또는 라이선싱 협상력을 강화하는 수단이 되므로, 해당 지표는 단순히 기술 확보를 넘어 그 자체로 글로벌 진출 전략의 성공을 가늠하는 기준 역할을 한다고도 볼 수 있습니다.

KPI 지표명	산식 예시
신제품 개발 성공률	개발 완료 제품 수 ÷ 전체 개발 과제 수
임상 진입률	임상 개시 과제 수 ÷ 전체 과제 수
연구 개발비 비중	R&D 비용 ÷ 총매출
제품 등록 소요 기간	제품 기획일 ~ 식약처 등록 승인일
글로벌 특허 출원 수	해외 등록 또는 출원 수

품질 관리 영역

제약 및 바이오 산업은 생명과 직결되기 때문에 품질이 고객 신뢰의 기반입니다. 품질 관리 능력을 확보하기 위한 기초 지표는 '제조 공정 불량률'입니다. 이는 원재료부터 완제품까지 생산 전 과정에서 발생하는 결함을 수치화한 기본적인 품질 지표입니다.

'GMP(우수의약품제조기준) 감사 결과'는 외부 인증 기관이나 식약처 등의 실사에서 품질 시스템에 문제가 있었는지를 보여 주는 매우 중요한 리스크 관리 지표입니다. '재작업률'은 품질 리스크가 비용으로 이어진 경우를 파악할 수 있는 간접 지표라고 할 수 있습니다.

또한 '안정성 시험 부적합률'은 제품 출시 전 또는 제품 유통 중 안전성 검토에서 이상 징후가 포착된 경우를 판단하며, '고객 클레임 건수'는 실질적인 시장 반응을 측정하는 지표입니다. 품질관리 KPI는 단순히 생산 과정의 완성도를 넘어 규제 대응과 소비자 신뢰 확보에 직결되는 핵심 성과 영역입니다.

KPI 지표명	산식 예시
제조 공정 불량률	불량 수 ÷ 전체 생산 수량
GMP 감사 지적 건수	감사 시 지적 건수
재작업률	재작업 건수 ÷ 전체 생산 건수
안정성 시험 부적합률	부적합 판정 수 ÷ 시험 수
고객 품질 클레임 건수	VOC 기준 불만 접수 건수

생산성 영역

제약과 화장품 산업은 전형적인 다품종 소량생산 구조로 운영

됩니다. 다양한 제품군, 계절성, 용량, 색상, 형태 등 SKU 변동성이 높기 때문에 대량생산을 통한 관리보다는 생산 배치Batch에 따라 품질과 효율을 관리하는 방식을 사용합니다.

'배치 생산 성공률'은 동일한 조건에서 진행된 1회의 생산 단위가 품질 기준을 충족했는지를 의미하는 대표적인 지표입니다. 생산 계획 대비 실제 배치 성공률이 낮다면 폐기율이 상승하며 품질 리스크가 증가하게 됩니다.

'배치당 리드타임', '설비 가동률', '인당 생산성'과 같은 지표는 소량생산 구조에서도 생산 흐름을 일정하게 유지하기 위한 기초 지표로 활용됩니다. 제약 및 바이오 산업의 특성상 생산성은 속도보다는 정확성과 유연성 중심으로 평가되어야 합니다.

KPI 지표명	산식 예시
배치 생산 성공률	성공 배치 수 ÷ 총 배치 수
배치당 리드타임	배치별 생산 시작일 ~ 종료일 평균
설비 가동률	실제 가동 시간 ÷ 총 가능 시간
생산 계획 달성률	실제 생산량 ÷ 계획 생산량
인당 생산 금액	총생산 금액 ÷ 생산직 인원수

인허가 및 규제 대응 영역

제약 및 바이오 산업은 강력한 규제 환경 아래 놓여 있기 때문에 인허가 대응력은 기업 역량의 핵심입니다. '허가 신청 대비 승인율'은 개발 제품이 실제 시장에 진입하는 비율을 보여 주는 대표적인 지표이며, '평균 허가 지연 일수'는 계획된 제품 출시가 얼마나 차질 없이 진행되는지를 보여 줍니다.

'제품 회수 발생률'은 품질 문제뿐 아니라 인허가 서류상의 문제로도 발생할 수 있는 리스크 지표로, 전사적으로 매우 민감하게 관리되어야 합니다. 규제 기관으로부터 받은 시정 조치나 행정 처분 건수는 명확한 경고 지표이며, IR 리스크로 작용하기도 합니다.

'전 임상-허가 전환율'은 특히 신약 개발에서 중요한 지표로, 임상 단계에서 허가로 이어질 가능성을 판단하는 참고 지표가 됩니다. 이 영역은 단순한 내부 통제 문제를 넘어서 글로벌 진출과 파트너십 형성에도 영향을 미치는 전략 지표로 평가됩니다.

KPI 지표명	산식 예시
허가 신청 대비 승인율	승인된 품목 수 ÷ 신청 품목 수
허가 지연 평균 일수	허가 신청일 ~ 최종 승인일 평균
제품 회수 발생률	회수 제품 수 ÷ 전체 출하 수
규제 기관 시정 조치 건수	연간 행정 처분 횟수

| 전 임상-허가 전환율 | IND → NDA 전환 건수
또는 허가 전환 건수 비율 |

마케팅/고객 영역

뷰티 및 헬스케어 산업은 브랜드 신뢰도와 긍정적인 고객 경험이 기업 성과를 좌우하는 주요 요인입니다. '제품 인지율'은 마케팅 활동의 효과성과 시장에서의 기업 브랜드 파워를 측정할 수 있는 지표이며, '병의원 채널 커버리지'는 의약품, 건강기능식품 등 전문 유통 제품의 보급력을 진단하는 핵심 지표입니다.

'고객 재구매율'은 제품의 품질과 만족도가 구매로 이어졌으며, 이에 대해 고객이 궁극적으로 만족스러운 경험을 하였는지를 파악할 수 있는 실질적인 성과 지표입니다. 특히 뷰티나 OTC 제품군에서는 이 수치가 고객 생애 가치LTV와 직결되므로 중장기 KPI로도 볼 수 있습니다.

또한, 온라인 채널의 중요성이 커지면서 '오프라인 대비 온라인 매출 비중'도 전략적 KPI로 설정되고 있으며, '브랜드 NPS'는 단순히 고객 만족도를 넘어, 고객이 자발적으로 우리 제품을 추천하고 싶은지 여부를 파악하는 지표로 활용됩니다. 이는 브랜드 충성도, CSR과도 연결됩니다.

KPI 지표명	산식 예시
제품 인지율	설문 응답 중 인지자 비율
병의원 채널 커버리지	제휴 병의원 수 ÷ 목표 병의원 수
고객 재구매율	동일 제품 재구매 고객 수 ÷ 전체 고객 수
온/오프라인 매출 비중	채널별 매출 ÷ 총매출
브랜드 NPS(순 추천 지수)	추천 고객 비율 − 비추천 고객 비율

첨단 소재 산업

●

첨단 소재 산업은 항공, 반도체, 배터리, 전기전자 등 고기능성 부품에 사용되는 원자재를 개발·생산하는 고부가가치 제조 산업입니다. 이 산업은 일반 제조업보다 수율, 신뢰성, 정밀도, 장비 운영 효율이 성과에 미치는 영향이 더욱 큽니다.

연구 개발 영역

첨단 소재 산업은 R&D 중심 산업으로, 신소재 개발 역량이 기업의 미래 경쟁력을 좌우합니다. '신규 소재 개발 건수'와 '기술 이전 성공률'은 기술 개발이 실제 사업으로 전환되는 수준을 나타냅니다. 특히 항공, 배터리 산업처럼 고객 승인 절차가 복잡한 경우 상황에서 '소재 승인 리드타임'은 전체 매출과 직결되므로 매우 중요한 KPI입니다.

'R&D 투자 비율'과 '특허 건수'는 기술 역량을 정량적으로 측정하는 핵심 지표로, 정부 과제 참여, 고객사 기술 평가 시 자주 사용됩니다.

KPI 지표명	산식 예시
신규 소재 개발 건수	기술 검증 완료 소재 수
기술 이전 성공률	양산 전환 성공 건수 ÷ 전체 R&D 과제 수
소재 승인 리드타임	개발 착수 ~ 고객 인증까지 기간
R&D 투자 비율	연간 R&D 비용 ÷ 총매출
특허 출원 수	연간 신규 출원 건수

품질 및 신뢰성 영역

첨단 소재는 극소량의 불량도 고객사 신뢰도 저하로 이어지기 때문에 품질 관리의 정밀도가 매우 중요합니다. '불량률'과 '리턴율'은 기본이며, 특히 '품질 편차율'은 정밀 소재의 핵심 성과 지표입니다.

'고장률MTBF'은 제품 자체의 신뢰성을 측정하는 지표로 전기 소재, 반도체 소재에서 중요하며, 'FTY'는 재작업을 줄이고 공정 일정을 단축시키는 데 기여합니다. 첨단 소재 기업의 고객사는 대부분 B2B 대기업이므로, 고객사 품질 평가에서 이들 지표가 핵심 준거로 작용합니다.

KPI 지표명	산식 예시
불량률	불량 수 ÷ 전체 생산 수
고객사 리턴율	반송 수 ÷ 납품 수
로트(Lot) 간 품질 편차율	(최고값 − 최저값) ÷ 평균값
고장률(MTBF)	평균 고장 간격 시간
FTY(1회 통과율)	1차 검사 통과 수 ÷ 전체 검사 수

수율 및 원가 영역

수율은 첨단 소재 산업에서 가장 중요한 생산 지표입니다. 양품 수율이 1~2%만 낮아져도 대량의 재료 손실과 생산 지연이 발생하기 때문에 '총 수율'과 '공정 손실률'은 제조 효율성의 핵심입니다.

'공정 불량에 따른 재공률'은 공정 설계 및 장비 신뢰성과 관련되며, '단위 생산 원가'는 마진율로 직결됩니다. 특히 전기 화학

소재나 정밀 필름 등은 원재료 단가가 높기 때문에 '원재료 변동률'을 일일 단위로 모니터링하는 회사도 많습니다.

KPI 지표명	산식 예시
총 수율	양품 수 ÷ 투입 수
공정 손실률	가공 손실 ÷ 총투입
공정 불량 재공 비율	재작업 공정 수 ÷ 전체 공정
단위 생산 원가	총비용 ÷ 생산 수량
투입 원재료 변동률	계획 원재료비 대비 실적 증감률

공정/설비 효율 영역

첨단 소재 산업은 정밀한 설비 운영이 중요합니다. '설비 가동률'과 '정지 시간 비율'은 전통적인 OEE Overall Equipment Effectiveness 평가의 일부로, 가용 시간 대비 생산성 수준을 나타냅니다.

'PM Preventive Maintenance 계획 이행률'은 정비 조직의 실행력과 사전 리스크 관리 수준을 측정하는 지표이며, 고신뢰 제조업에서는 이 수치를 KPI로 직접 활용합니다.

'이상 징후 탐지율'과 '설비 이상 예지 적중률'은 최근 AI 기반 공정 예측 시스템이 도입되며 점차 중요도가 높아지고 있는 추세입니다.

KPI 지표명	산식 예시
설비 가동률	가동 시간 ÷ 총 가용 시간
정지 시간 비율	비가동 시간 ÷ 전체 시간
PM 계획 이행률	예방 정비 수행 건수 ÷ 계획 건수
이상 징후 미탐지율	미탐지 이상 ÷ 전체 이상 건수
설비 이상 예지 적중률	실제 이상 발생 ÷ 예측 경고 건수

납기 및 고객 대응 영역

첨단 소재는 B2B 중심 산업으로, 납기 준수와 고객 대응력이 공급 계약 지속성과 직결되므로 중요한 관리 영역이라 할 수 있습니다. '납기 준수율'과 '리드타임'은 생산-물류-CS를 종합적으로 측정하는 복합 KPI입니다. '이슈 대응률'과 '긴급 오더 처리율'은 고객 만족도뿐 아니라 영업 조직의 대응 민첩성을 나타냅니다. 특히 첨단 소재 산업은 대기업 또는 해외 고객사로부터 공급사 등급 평가를 받기 때문에 '고객 등급 점수' 역시 핵심적인 전략 지표입니다.

KPI 지표명	산식 예시
납기 준수율	납기일 납품 건수 ÷ 총 납품 건수
수주-출하 리드타임	수주일 ~ 출하일 평균
B2B 고객 이슈 건 대응률	해결 완료 건수 ÷ 전체 접수 건수
긴급 오더 대응률	긴급 오더 납기 이행 ÷ 총 긴급 오더
고객 등급 평가 점수	고객사 연간 평가 평균 점수

ODM 산업

●

ODMOriginal Design Manufacturing 산업은 고객사의 브랜드 제품을 대신 설계하고 제조까지 수행하는 산업으로, 패션, 전자, 생활용품 등 다양한 분야에 걸쳐 광범위하게 퍼져 있습니다. 특히 패션 ODM의 경우, 단순 제조를 넘어서 샘플 기획, 생산 일정 관리, 납기 준수, 품질 관리, 원가 절감까지 전방위적인 영역을 포함하므로 이에 대한 관리가 필요합니다.

ODM 산업의 KPI는 생산 기반 산업의 일반적인 요소를 반영하되, 고객 맞춤형 제품이 많은 업종 특성상 납기율과 샘플 대응력, 품질 정합성이 성과에 더욱 민감하게 작용합니다.

제품 기획 영역

ODM의 차별화는 빠르고 정확한 샘플 대응 역량에서 시작됩니다. '샘플 대응일 평균'은 상품 기획팀과 영업팀의 커뮤니케이션 효율과 스피드를 측정하며, '적중률'과 '1차 완성률'은 개발 능력과 고객 니즈에 부합하는 정도를 나타냅니다.

'개발 원가 이탈률'은 영업 이익에 직결되는 민감 지표로, 수주 전 단계부터 원가를 체계적으로 산정하여 개발 과정에서 이를 맞추기 위한 노력이 중요합니다.

'기획 상품화율'은 생산뿐 아니라 상품 기획 역량까지 측정하며, OEM과 달리 기획력이 중요한 ODM에서 중요한 전략적 지표로 활용됩니다.

KPI 지표명	산식 예시
샘플 대응일 평균	접수일 ~ 완료일 평균
샘플 적중률	최종 채택 수 ÷ 전체 요청 수
1차 완성률	1회 제출 후 수정 없이 승인된 비율
개발 원가 이탈률	(실제 원가 - 목표 원가) ÷ 목표 원가
기획 상품화율	기획안 대비 생산 연결된 SKU 비율

품질 관리 영역

ODM 제품은 브랜드 고객사에게 납품되기 때문에 최종 검수에서 품질을 확보하는 것이 매우 중요합니다. '최종 불량률'과 '반품률'은 고객 신뢰 형성을 위해 기본적으로 관리되어야 하는 지표이며, '클레임 발생 건수'는 계약 존속에 영향을 미칠 수 있으므로 가장 중요하게 관리되어야 합니다.

'작업 표준 일치율'은 품질 편차를 줄이는 핵심 지표이며, '공정 불량 건수'는 작업자 숙련도 및 공정 난이도의 적합성을 평가하는 기준으로도 사용됩니다.

KPI 지표명	산식 예시
최종 검수 불량률	불량 수 ÷ 최종 검수 수
반품률	반품 건 ÷ 납품 건
납품 후 품질 클레임 건수	B2B 클레임 접수 건수
작업 표준 일치율	표준 작업 대비 실제 수행 정합률
공정 불량 건수	재작업 지시 건수

납기 이행 영역

ODM 산업은 리테일 고객사의 유통 일정에 따라 생산 계획이 정해지므로 '납기 이행력'은 ODM사의 생산 역량을 측정하는 지표입니다. '납기 준수율'은 생산 기획-물류의 연계성을, '긴급 오더 대응률'은 유연성과 공정 안정성을 동시에 평가하는 지표입니다.

'리드타임 평균'은 전체 공급망 최적화를 위한 기준이며, '변경 반영률'과 '오배송률'은 고객 요구 사항에 대한 실행력과 품질 및 물류 시스템 수준을 반영합니다.

KPI 지표명	산식 예시
납기 준수율	납기일 내 납품 수 ÷ 전체 납품 수
긴급 오더 대응률	긴급 오더 납품 수 ÷ 전체 긴급 오더
리드타임 평균	발주일 ~ 납품일 평균
고객 요청 변경 반영률	변경 사항 반영 완료 ÷ 총 요청 사항
오배송률	오배송 건수 ÷ 전체 납품 건수

원가 및 수익성 영역

ODM은 고객 단가가 고정된 상태에서 수익을 내야 하므로, 내부 원가 통제력과 공정 효율이 경쟁력을 강화하는 주요한 요소입니다.

'공임 단가 이탈률'은 계획 대비 작업 효율성을 나타냅니다. '제품 이익률'은 전체 원가 구조를 분석할 뿐 아니라 고객에 대한 협상력 확보의 기반이 되는 지표입니다. '낭비율'과 '부자재 비중'은 ODM에서 공정 설계 및 아웃소싱 역량을 판단하는 기준으로 활용됩니다. '재작업률'은 직접적인 원가 상승 요인이므로, 품질-생산 통합 관리 지표로 반드시 활용해야 합니다.

KPI 지표명	산식 예시
공임 단가 이탈률	실제 공임 단가 ÷ 계약 공임 단가
단위 제품 이익률	(매출 − 원가) ÷ 매출
낭비율	소요량 대비 초과 투입량 ÷ 소요량
부자재 비중	부자재 비용 ÷ 총원가
재작업률	재작업 수 ÷ 총 작업 수

생산성 영역

ODM 산업 역시 제조 기반이기 때문에, 생산 라인과 작업자 효율은 주요 관리 지표로 기능합니다. '라인당/인당/시간당 생산량'은 생산 설비 및 인력 배치 효율성을 보여 줍니다.

'생산 계획 달성률'은 전체 납기와 연계된 실행력을 나타내며, 계획과 실행 간 차이를 줄이기 위한 관리 지표입니다.

'표준 공정 대비 시간 차이율'은 품질 일관성 관리를 판단할 수 있는 가늠자 역할을 하며, 작업자 숙련도 판단 자료로도 쓰입니다.

KPI 지표명	산식 예시
라인당 생산량	생산 수량 ÷ 라인 수
인당 생산량	생산 수량 ÷ 작업자 수
작업 시간당 생산량	생산 수량 ÷ 총 작업 시간
생산 계획 달성률	실생산 ÷ 계획 생산
표준 공정 대비 시간 차이율	실제 작업 시간 ÷ 표준 시간

8장

F&B 산업 사례

    F&BFood & Beverage 산업은 식음료 제품의 생산부터 유통, 소비에 이르는 전 과정을 포괄하며, 크게 두 가지 산업으로 구분할 수 있습니다. 첫째는 F&B 제조 산업, 즉 음료, 식품, 스낵, 건강 기능식품 등을 생산하는 공정 중심 산업이며, 둘째는 F&B 유통 산업, 즉 이러한 제품을 오프라인 매장, 온라인 채널 등을 통해 최종 소비자에게 전달하는 유통 중심 구조의 산업입니다.

    이 두 산업군은 유사한 제품을 다룬다 하더라도 사업 모델, 성과 측정 방식, 관리 포인트가 확연히 구별됩니다. F&B 제조는 원가 절감, 품질 관리, 생산성 향상과 같은 제조 중심의 KPI 관리가 중요하고, F&B 유통은 매출, 고객 경험, 채널 성과와 같은 소비자 접점 중심의 KPI 관리가 중심이 됩니다.

따라서 F&B 산업의 KPI를 정확히 이해하고 관리하기 위해서는 제조와 유통 산업의 특성을 명확히 구분하는 것이 첫 번째 단계라고 할 수 있습니다. 특히 동일한 기업 혹은 그룹 계열사 안에 두 기능이 혼재하는 경우, 산업 구분 없이 KPI를 동일하게 설정한다면 왜곡된 평가가 진행될 수 있으며, 그에 따라 성과 진단의 정확성이 저하될 수 있습니다.

F&B 제조 산업

연구 개발 영역

F&B 제조 산업에서의 제품 개발은 소비자의 트렌드에 민감하게 반응하는 능력과, 그것을 제품으로 구현하는 생산 연계성을 동시에 요구합니다. '신제품 출시 건수'는 조직의 시장 대응 속도를 나타내며, '성공률'과 '소요 기간'은 R&D 프로세스의 효과성과 효율성을 보여 주는 주요 지표입니다.

'레시피 개발'은 식품 품질과 직결되기 때문에 단순히 개발된 수보다는 상용화된 수를 추적하는 것이 더욱 중요합니다. '소비자 조사 결과를 반영한 개발 시도'는 시장 니즈를 발굴하고, 그것이 실제 제품 성과로 이어지는지 여부를 평가하는 KPI라고 할 수 있습니다.

'회수율'은 초기 생산품에서 발생하는 문제를 나타내는 지표로, 개발 이후 품질 확보 및 출시 관리 역량을 간접적으로 측정합니다.

KPI 지표명	산식 예시
신제품 출시 건수	신제품 출시 수량
레시피 개발 성공률	상용화된 레시피 수 ÷ 개발 시도 수
개발 소요 기간	제품 기획일 ~ 생산 승인일
시장 반영률	시장 조사 반영된 제품 수 ÷ 전체 신제품 수
회수율	출시 후 3개월 이내 회수된 제품 비율

품질 관리 영역

식품 제조는 소비자의 생명 혹은 안전과 직결되기에 품질 관리의 중요성이 매우 높습니다. '이물 혼입률'과 '불량률'은 제품의 안전성과 품질 완성도를 나타내는 핵심 지표입니다. 'HACCP 감사 결과'는 규제 기관 또는 내부 기준에 따라 식품 안전 프로세스가 잘 작동하고 있는지를 보여 주는 주요 기준이며, 식품업계에서는 내부 감사와 외부 감사 모두 중요하게 관리됩니다.

'재작업률'은 품질 리스크가 생산 효율과 원가에 미치는 영향을 파악하는 데 유용하며, '고객 클레임 처리율'은 품질 문제 발생 후, 사후 대응 시스템의 완성도를 측정하는 지표입니다.

KPI 지표명	산식 예시
이물 혼입률	이물 클레임 수 ÷ 총생산량
불량률	불량 수 ÷ 총생산량
HACCP 감사 지적 건수	지적 사항 수
재작업률	재작업 수 ÷ 총생산량
고객 클레임 처리율	처리 완료 건수 ÷ 총 클레임 수

생산성 영역

F&B 제조 산업은 공정 기반의 라인 중심으로 가동되므로, 생산성을 관리하기 위해서는 생산 계획의 정확성과 생산 공정의 연속성을 측정해야 합니다. '생산 라인 가동률'은 시간 대비 효율성을 측정하고, '배치 성공률'은 다품종 소량생산 환경에서 품질과

수율을 동시에 관리하는 지표입니다.

'생산 계획 달성률'은 영업 예측과 생산 실행 간의 정합성 및 생산 계획의 실행 정도를 나타냅니다. 특히 계절이나 캠페인에 따라 수요가 급변하는 식품업의 특성상, 이 지표는 계획 정밀도와 대응력 수준을 판단하는 기준이 됩니다. '인당 생산량'은 인력 생산량을 나타냅니다.

'설비 수리 시간'은 장비 효율성과 공정 안정성의 측정 지표로, 설비가 잦은 고장을 일으킬 경우 전체 공정 효율에 중대한 영향을 줄 수 있습니다.

KPI 지표명	산식 예시
생산 라인 가동률	실제 가동 시간 ÷ 총 계획 시간
배치 성공률	성공 배치 수 ÷ 총 배치 수
생산 계획 달성률	실제 생산량 ÷ 계획 생산량
인당 생산량	총생산량 ÷ 생산직 인원
설비 평균 수리 시간	총 수리 시간 ÷ 수리 건수

수율 및 원가 영역

제조업에서 원가 절감은 단순한 비용 통제를 넘어 전략적 경쟁력 확보 수단입니다. '단위 생산 원가'는 제품 단가와 직결되며, '수율'과 '폐기율'은 생산 효율성을 동시에 설명하는 지표로 사용됩니다.

'원재료 투입비'는 재료 원가 구조에서 고정비 비중을 파악할 수 있는 기준이며, '공정 손실률'은 라인 내 물류, 설비, 인력 운영 과정에서 발생하는 낭비 수준을 나타냅니다.

F&B 제조는 농산물, 축산물 등 변동성이 큰 원재료를 사용하는 경우가 많기 때문에, 수율과 손실률을 세밀하게 관리하는 것이 곧 수익성 상승으로 직결되는 행위라고 볼 수 있습니다.

KPI 지표명	산식 예시
단위 생산 원가	총 생산 비용 ÷ 총생산량
폐기율	폐기 수량 ÷ 총생산량
수율	양품 수 ÷ 투입 수
원재료 투입비	사용 원재료 금액 ÷ 총원가
공정 손실률	가공 손실량 ÷ 투입량

납기 및 유통 연계 영역

F&B 제조 기업은 생산 이후 유통망과의 긴밀한 연계를 통해

납기와 물류 일정을 맞춰야 합니다. '납기 준수율'은 제조와 물류의 정시성과 협업 역량을 보여 주는 대표 KPI입니다.

'재고 부족 발생률'과 '출고 정시율'은 생산 계획과 재고 운영, 물류 출고 간 연계 수준을 점검하는 지표로, 특히 단납기 대응을 요구하는 유통 환경에서는 필수 지표입니다.

'유통 기한 이상 납품률'은 품질 외에도 재고 관리의 신뢰도를 보여 주는 지표이며, B2B 납품형 구조에서는 '거래처 클레임률'도 수주/납품의 정밀도와 직결되는 리스크를 판단하는 지표입니다.

KPI 지표명	산식 예시
납기 준수율	제때 납품된 건수 ÷ 전체 납품 건수
재고 부족 발생률	재고 부족 건수 ÷ 전체 납기 건수
출고 정시율	계획 대비 실제 출고 정시율
유통 기한 이상 납품률	유통 기한 미도래 출고 ÷ 전체 출고
B2B 거래처 클레임률	납품 클레임 건수 ÷ 전체 거래 수

F&B 유통 산업

영업 성과 영역

유통업의 핵심 성과는 결국 판매 실적의 지속적인 성장에서 나옵니다. '전년 대비 성장률'은 기업이 안정적으로 확장하고 있는지를 보여 주는 가장 기본적인 KPI입니다.

'객단가'와 '구매 전환율'은 단순한 고객 유입이 아닌, 소비자 1인당 수익 창출력을 나타냅니다. 특히 오프라인 매장은 발길만 끈다고 해서 성과가 나지 않기 때문에 구매 전환율이 매장 성과의 핵심이 됩니다.

'프로모션 매출 비중'은 할인 등 마케팅 효과가 일시적인지, 또는 고정 수요로 이어지는지를 가늠할 수 있는 지표로, 고객 충성도 관리와도 밀접하게 연관됩니다.

KPI 지표명	산식 예시
총매출액	기간 내 총 판매액
전년 대비 성장률	(당기 매출 − 전기 매출) ÷ 전기 매출
객단가	총매출 ÷ 방문객 수
구매 전환율	구매 고객 수 ÷ 방문 고객 수

프로모션 매출 비중	프로모션 기간 매출 ÷ 총매출

유통 채널 관리 영역

점포 단위 수익성과 채널 확장성 증대가 결국 F&B 유통 기업 성공의 핵심입니다. '점포당 순이익'은 매장별 채산성을 비교하는 데 활용되며, 저수익 매장 구조 조정 시 기초 자료로 사용됩니다.

'매장 회전율'은 폐점과 신규 출점 간의 밸런스를 나타내며, 지나치게 많은 변동이 있을 경우 운영 안정성이 떨어질 수 있습니다. '신규 채널 매출 비중'은 새롭게 발굴한 채널의 매출 비중을 나타내는 건전성 지표입니다.

'O2O 채널 확대율'은 디지털 채널로의 전환 속도를 측정하는 KPI이며, '유통 채널 커버리지'는 기업의 전방 유통망 확대 전략의 달성률을 확인하는 데 유용합니다.

KPI 지표명	산식 예시
점포당 순이익	총이익 ÷ 매장 수
매장 회전율	연간 폐점 수 ÷ 총 매장 수
신규 채널 매출 비중	신규 채널 매출 ÷ 전체 매출

O2O 채널 확대율	O2O 매출 증감률
유통 채널 커버리지	납품처 수 ÷ 목표 채널 수

재고 및 SCM 영역

F&B 유통에서는 유통 기한과 신선도 이슈가 사업 성패를 좌우하므로 재고 관리가 매우 중요합니다. '재고 회전율'은 동일한 제품이 얼마나 빠르게 소진되는지를 보여 주는 지표로, 생산 및 유통 라인의 효율성을 나타냅니다.

'폐기율'과 '유통 기한 임박 재고 비율'은 식품업 특유의 손실 리스크를 정량화한 지표입니다. 이 수치가 높으면 물류, 기획, 판매의 전 과정에서 문제가 발생했을 가능성이 높습니다.

'안전 재고 이탈률'과 '리드타임'은 공급망 관리SCM의 효율성을 가늠하는 핵심 지표입니다. 특히 '주문-배송 리드타임'은 B2B 거래처나 직납 고객 대응에 대한 신뢰도를 평가하는 데 유용한 지표입니다.

KPI 지표명	산식 예시
재고 회전율	매출 원가 ÷ 평균 재고

폐기율	폐기 제품 수량 ÷ 총 재고 수량
유통 기한 임박 재고 비율	임박 재고 ÷ 전체 재고
안전 재고 이탈 여부	재고 수량 < 안전 재고 기준 비율
주문-배송 리드타임	주문일 ~ 납품 완료일 평균

고객 및 브랜드 영역

F&B 유통은 충성 고객 확보가 매우 중요하기 때문에 고객 경험 중심 KPI를 별도로 설정합니다. '고객 만족도CSAT'와 '재방문율'은 단기 성과와 중장기 충성도 모두를 측정하는 데 유용한 지표입니다.

'브랜드 인지도'와 'NPS'는 소비자가 자발적으로 브랜드를 추천하거나 긍정적으로 기억하는지를 나타냅니다. 특히 브랜드 파워가 중요한 프랜차이즈, PB 상품 중심의 유통업체에서는 전략 지표로도 쓰입니다.

'클레임 발생률'은 품질뿐 아니라 CS 대응, 배송, 포장 등 전반적인 고객 경험 관리 수준을 반영합니다. 이 수치를 낮추는 것은 매출보다도 더 중요한 평판 유지 요소로 보기도 합니다.

KPI 지표명	산식 예시
고객 만족도(CSAT)	만족 응답 고객 ÷ 총 응답 고객
재방문율	동일 고객의 반복 방문 비율
브랜드 인지도	브랜드를 알고 있는 응답자 ÷ 전체 응답자
브랜드 NPS	추천 고객 비율 − 비추천 고객 비율
클레임 발생률	클레임 건수 ÷ 전체 거래 수

인건비 및 비용 관리 영역

유통업은 마진 구조가 낮고 인건비가 고정적으로 발생하기 때문에 비용 효율화 KPI가 중요합니다. '인건비율'은 노동집약적인 업태일수록 반드시 통제해야 할 KPI이며, 점포 단위까지도 세분화하여 관리해야 합니다.

'고정비 비중'과 '마진율'은 수익 구조의 개선 여부를 판단하는 데 유용하며, '임대료 부담률'은 특히 대형 마트나 백화점 입점 업체에게 있어서 핵심적인 리스크 관리 지표입니다.

'판매원 1인당 매출'은 인적 자원 생산성을 나타내며, 성과급 기준 산정이나 점포 효율 분석에도 활용됩니다. 특히 고객 밀착도가 높은 유통 환경에서는 단순 인력 수보다 인력의 효율적 활용이 중요한 평가 항목이 됩니다.

KPI 지표명	산식 예시
인건비율	인건비 ÷ 총매출
고정비 비중	고정비 ÷ 총비용
마진율	(매출 − 원가) ÷ 매출
임대료 부담률	임대료 ÷ 매장당 순이익
판매원 1인당 매출	총매출 ÷ 판매직 인원수

9장

IT 산업 사례

IT 서비스 산업

IT 서비스 산업은 통신, 클라우드, SaaS, 플랫폼 등의 분야를 망라하기 때문에 고객 반응, 트래픽 품질, 기술 운영, 서비스 기능, 조직 생산성 등 다양한 영역을 종합적으로 관리해야 하는 산업입니다.

고객 성장 및 수익성 영역

IT 서비스 산업에서는 '얼마나 많은 고객이 지속적으로 유료 서비스를 쓰고 있는가'가 핵심 성과 지표입니다. 'ARPU'는 이 산업의 대표적인 KPI로, 통신이나 클라우드, 구독형 서비스 등의 플랫폼 수익성을 관리하는 지표입니다.

'이탈률'과 '구독 전환율'은 고객 관리의 안정성과 성장성을 동시에 보여 주는 지표로, 고객 충성도와 직결됩니다. 특히 '이탈률'은 고객 경험 만족도와 직접 연결되므로 고객 VOC 분석과 함께 연계하여 분석합니다.

'LTV Life Time Value'는 고객 한 명이 회사에 가져오는 누적 가치를 뜻합니다. CRM 전략 수립 시에도 활용할 수 있으며, 수익 모델 구축에도 중요하게 작용합니다.

KPI 지표명	산식 예시
ARPU(가입자당 평균 매출)	총매출 ÷ 유료 가입자 수
신규 가입자 증가율	(당기 가입자 − 전기 가입자) ÷ 전기 가입자
이탈률(Churn Rate)	해지 가입자 ÷ 전체 가입자 수
LTV(고객 생애 가치)	ARPU × 평균 유지 기간
구독 전환율	무료 사용자 중 유료 전환자 비율

서비스 품질 및 기술 운영 영역

중단 없는 ICT 서비스 운영은 고객 신뢰의 기본이며, 나아가 서비스 품질이 향상될 때 고객은 만족합니다. '시스템 가용성'과 'SLA 준수율'은 B2B 고객과 체결한 계약 내용을 잘 이행했는지를 나타내는 것으로, 서비스 품질 이행률을 정량화한 지표입니다. '장애 건수'와 '평균 응답 시간'은 시스템 인프라 품질과 운영 효율을 가늠하는 기준이며, 기술 운영 부서의 주요 평가 항목으로도 활용됩니다.

특히 '트래픽 초과 비율'은 클라우드나 통신망 등 대규모 서비스를 운영하는 기업의 핵심 리스크 지표로, 트래픽 관리 효율성을 높이는 데 활용할 수도 있으며 탄력적 인프라 설계의 기준으로 활용되기도 합니다.

KPI 지표명	산식 예시
평균 응답 시간	전체 요청 응답 시간 ÷ 전체 요청 건수
장애 건수	일정 기간 내 시스템 장애 횟수
SLA 준수율	SLA 기준 충족 건 ÷ 전체 서비스 건
트래픽 초과 비율	예상 대비 초과 트래픽 ÷ 기준 트래픽
시스템 가용성	(총시간 − 다운 타임) ÷ 총시간

플랫폼 및 데이터 활용 영역

플랫폼 중심 IT 기업은 사용자들이 해당 플랫폼을 '얼마나 자주, 오래, 깊게 관여하여 사용하는가'가 핵심입니다. 'MAU'와 '일일 체류 시간'은 앱, 플랫폼, 포털 등에 대한 사용자의 충성도를 나타내는 대표적인 지표입니다.

'데이터 사용량'과 '기능별 활용률'은 플랫폼 내 기능이 실질적인 가치를 창출하고 있는지를 판단하는 기준으로, 특히 구독형 SaaS 기업에서는 기능별 활용률이 고객 세분화 및 기능 업그레이드의 준거 기준이 됩니다.

'로그 수집률'은 기술 기반 기업에서 점점 더 중요해지고 있는 지표로 보안, AI 분석, 사용자 행동 예측 등 후속 기술 개발을 위한 기초 자료가 됩니다.

KPI 지표명	산식 예시
MAU(월간활성사용자)	월 기준 접속 사용자 수
일일 체류 시간	접속 사용자의 평균 이용 시간
데이터 사용량 증가율	전월 대비 총 사용량 증가율
기능별 활용률	핵심 기능별 이용 횟수 ÷ 전체 사용자 수
로그 수집률	실제 로그 수 ÷ 설계 기준 로그 수

제품 및 서비스 개발 영역

앞서 말한 바와 같이, IT 서비스 산업은 기능 개발 속도와 품질 수준이 고객 만족도에 직접 영향을 미치므로, 해당 영역 지표 역시 중요한 관리 포인트입니다. '신기능 출시 건수'와 '기능 성공률'은 개발팀의 속도와 안정성의 균형을 보여 줍니다. '서비스 출시 리드타임'은 기획부터 배포까지 걸리는 시간을 나타내며 기획, 개발, QA, 운영 부서 간 협업 효율을 보여 주는 통합 KPI로도 활용할 수 있습니다.

'장애 수정 속도'는 특히 B2B SaaS 기업, 금융 API 기업에서의 SLA 계약 위반 여부를 진단하는 데도 활용할 수 있으며, 기술 조직의 대응 속도를 나타내는 정량적인 기준으로 사용됩니다.

KPI 지표명	산식 예시
신기능 출시 건수	릴리즈 완료 기능 수
기능 성공율	무(無)에러 기능÷총 기능 수
기능별 채택률	사용자별 기능 사용 비율
서비스 출시 리드타임	기획일 ~ 배포일 평균
장애 수정 속도	장애 발생 ~ 해결까지 평균 시간

조직 생산성 및 비용 영역

IT 서비스 기업은 인적 자원 중심 산업이기 때문에 '조직 단위 생산성' 관리가 핵심입니다. '개발자당 릴리즈 건수'나 '유지 보수 비중'은 실제 인적 자원의 효율과, 개발 대비 유지 운영 비율의 적정성을 진단합니다.

'CS 처리 시간'은 고객 만족도와도 직결되며, 특히 채널이 다변화된 서비스일수록 상담 자동화, AI 챗봇 연동 등을 통해 소요 시간을 단축하는 것이 중요한 과제로 부각되고 있는 추세입니다.

'인건비율'과 '총 수익률'은 매출 성장률만큼이나 중요한 KPI 이며, 개발 효율성과 재무 건전성의 균형을 확인하는 수단입니다.

KPI 지표명	산식 예시
개발자당 릴리즈 건수	릴리즈 수 ÷ 개발 인원 수
인건비율	인건비 ÷ 총매출
CS 처리 시간	고객 문의 접수 ~ 처리 완료 평균 시간
총 소요 비용 대비 수익률	총수익 ÷ 총비용
유지 보수 비중	운영 유지비 ÷ 전체 IT 예산

IT 제조 산업

IT 제조 산업은 반도체를 제외한 전자 부품, 정밀 기기, 패키지 모듈, 통신 기기 등 다양한 제품을 생산하는 산업군으로, 공정 정밀도, 제품 수율, 고객사 대응 속도 등이 핵심 경쟁력 지표입니다. 글로벌 공급망에서 B2B 납품을 주로 하며, 양산 안정성과 고객 요구 대응력이 곧 성과로 이어지는 구조로 운영되고 있습니다.

R&D 및 제품 개발 영역

IT 제조업에서 R&D는 제품 수명 주기가 짧고, 다품종 소량개발이 많기 때문에 속도와 정밀성의 균형이 필요합니다. '신규 제품 수'는 기술 영업 역량과도 연계되며, '기술 승인 성공률'은 고객사의 승인 절차 통과율로서 실질적인 사업화 성공 지표로 볼 수 있습니다.

'리드타임'은 제품 설계부터 양산까지 걸리는 시간으로 부서 간 협업 효율을 반영하며, '시험 통과율'은 기초 기술 역량을 보여줍니다.

'고객 요구 반영률'은 B2B 중심 산업에서 가장 실용적인 R&D

성과 지표로, 기술 역량과 제품 개발 사이의 연계 정도를 수치화합니다.

KPI 지표명	산식 예시
신규 제품 개발 수	개발 완료 품목 수
기술 승인 성공률	승인 완료 건 ÷ 개발 시도 건
개발 리드타임	기획일 ~ 양산 승인일
시험 통과율	기술 스펙 기준 통과 수 ÷ 전체 시험 수
고객 요구 기술 반영률	요구 사항 반영 품목 수 ÷ 전체 개발 수

품질 관리 및 신뢰성 영역

품질 관리는 IT 제품 산업의 핵심 영역입니다. 특히 고객사는 완제품 기업이기 때문에 납품 품질이 브랜드 신뢰도와 직결되며, '불량률'과 '검사 통과율'은 가장 기본적인 KPI입니다.

'필드Field 불량률'은 고객사 납품 이후 발견되는 하자 비율로, 생산 품질뿐 아니라 포장, 물류, 저장 조건까지 포괄하여 판단할 수 있는 종합 성과 지표입니다.

'FTY'는 검사 재작업을 줄이고 공정 효율을 높이기 위한 주요 지표이며, '클레임 건수'는 CS 관리 수준을 진단하는 데 쓰일 뿐만 아니라 고객사가 공급사를 평가할 때도 직간접적으로 활용할 수 있습니다.

KPI 지표명	산식 예시
불량률	불량 수 ÷ 총생산량
최종 검사 통과율	최종 공정 검사 합격 ÷ 검사 건수
고객 클레임 건수	월간 접수 클레임 수
필드 불량률	납품 후 불량 건 ÷ 전체 납품 건
FTY(1차 통과율)	1회 합격 수 ÷ 전체 검사 수

공정 및 생산성 영역

생산성은 IT 제조업의 채산성과 납기 성과를 동시에 결정합니다. '라인당 생산량'과 '설비 가동률'은 단순 효율성뿐 아니라 공정 간 균형을 점검하는 데도 활용됩니다.

'공정 불량률'은 품질 리스크 조기 발견을 위한 선제 지표이며, '자동화율'은 인건비 절감과 품질 일관성을 확보하는 데 중요한 기준이 됩니다.

'생산 계획 달성률'은 영업-생산-물류 간 연계성을 평가하는 KPI로, 납기 신뢰도와 함께 모니터링되는 것이 일반적입니다.

KPI 지표명	산식 예시
공정 불량률	공정 내 불량 수 ÷ 투입 수
라인당 생산량	생산 수 ÷ 라인 수
설비 가동률	가동 시간 ÷ 총 가능 시간
생산 계획 달성률	실적 ÷ 계획
공정 자동화율	자동 설비 투입 공정 ÷ 전체 공정

수율 및 원가 영역

수율과 원가는 제조업의 핵심 KPI로, IT 제조 산업에서도 중요합니다. '총 수율'은 설비, 공정, 품질이 통합된 결과 지표이며, '단위 생산 원가'는 전체 수익성을 판단하는 기반이 됩니다.

'재작업률'은 생산성 저하와 품질 불안정성의 발생 여부를 평가하는 지표이며, 고객 신뢰도에도 영향을 미치는 지표입니다.

'재료비 비중'과 '낭비율'은 BOM 분석과 생산 공정 간 재료 관리 효율성 파악에 유용하며, 특히 원자재 변동성이 큰 환경에서는 수익성 관리의 선행 지표로 작동합니다.

KPI 지표명	산식 예시
총 수율	양품 수 ÷ 투입 수

단위 생산 원가	총비용 ÷ 총생산량
재작업률	재작업 건 ÷ 전체 생산 건
재료비 비중	재료비 ÷ 총 제조 원가
낭비율	투입 대비 손실량 ÷ 투입량

납기 및 고객 대응 영역

IT 제조업의 납기는 생산성과 고객 관리의 교차점으로, 유관 부서가 함께 관리해야 하는 영역입니다. '납기 준수율'과 '리드타임'은 고객 신뢰와 반복 수주 가능성을 높이기 위한 KPI이며, 내부 생산 계획 준수 여부와도 연계됩니다.

'긴급 오더 대응'은 유연한 생산 체계와 자재 관리 능력을 보여주는 지표이며, 지표 관리를 통해 고부가가치 거래처 확보 및 유지에 만전을 기해야 합니다.

'고객 커뮤니케이션 대응률'과 '만족도 점수'는 기술 적용과 CS 수준을 나타내며, 이 역시 고객사 평가 및 재계약 시 활용되는 핵심 평가 요소입니다.

KPI 지표명	산식 예시
납기 준수율	제시일 내 납품 ÷ 전체 납품
긴급 오더 대응률	긴급 요청 수락 ÷ 전체 긴급 요청
수주–출하 리드타임	수주일 ~ 납품일 평균
고객 커뮤니케이션 대응률	질의 대응 건 ÷ 접수 건
거래처 만족도 점수	거래처 정성 평가 평균 점수

10장

금융 산업 사례

은행권

수익성 및 성장성 영역

수익성과 성장성은 금융 기관의 외형과 내실을 함께 판단하는 기본적인 지표입니다. 'ROA'는 자산을 얼마나 효율적으로 운용하는지를, 'ROE'는 자본 대비 수익률을 나타내는 지표입니다. 이 두 지표는 금융권의 가장 대표적인 종합 성과 지표입니다.

이자 이익은 전통적 은행업에서 수익 구조의 핵심이 되는 항목으로, '이자 이익 증가율'은 대출 성장률이나 금리 변화에 따라 수익이 얼마나 탄력적으로 반응하는지를 보여 줍니다.

'비이자 이익 비중'과 '총 수익 성장률'은 금융사의 사업 다각화와 전반적인 외형 성장 수준을 나타내며, 구조적인 경쟁력을 판단하는 기준이 됩니다.

KPI 지표명	산식 예시
총자산 이익률(ROA)	순이익 ÷ 총자산
자기 자본 이익률(ROE)	순이익 ÷ 자기 자본
이자 이익 증가율	(당기 이자 이익 − 전기) ÷ 전기
비이자 이익 비중	비이자 이익 ÷ 총이익
총수익 성장률	(당기 총수익 − 전기) ÷ 전기 × 100

리스크 및 자산 건전성 영역

건전성 관리와 리스크 대응은 금융업의 지속적인 운영을 위해 중요한 기능입니다. '고정 이하 여신 비율'과 '연체율'은 금융 자산의 질과 리스크 수준을 측정하는 지표로 기능합니다.

'대손 충당금 적립률'은 미래 손실에 대비한 충당금 준비 수준을 의미하며, 내부 리스크 관리 체계의 성숙도를 판단하는 데 중요한 지표입니다.

'BIS 자기 자본 비율'과 'LCR'은 금융 당국이 직접 감독하는 규제 지표이며, 위험 가중 자산 대비 자기 자본의 안정성과 단기 유동성 대응 능력을 수치화하여 관리할 수 있습니다.

KPI 지표명	산식 예시
고정 이하 여신 비율	고정 이하 여신 ÷ 총 여신
연체율	연체 금액 ÷ 총 대출
대손 충당금 적립률	충당금 ÷ 고정 이하 여신
BIS 자기 자본 비율	자기 자본 ÷ 위험 가중 자산
유동성 커버리지 비율(LCR)	고유동성 자산 ÷ 순현금 유출

고객 및 영업 성과 영역

금융 영업의 핵심은 고객이며, 확보한 고객을 유지하는 것이 가장 중요한 관리 영역입니다. '예대율'은 수신과 여신 간 자금 운용 효율성을 보여 주며, 'NIM'은 금융사의 핵심 수익성 지표로 볼 수 있습니다.

'영업점당 고객 수'나 '신규 고객 증가율'은 채널 생산성과 시장 점유율 확대 정도를 보여 주는 대표 지표입니다. '고객 이탈률'은 기존 고객의 만족도 및 불만족 고객의 이탈 현황을 나타내는 것으로, 고객 중심 전략 수립의 타당성에 대한 판단 혹은 CRM 운영 성과 판단의 기준이 됩니다.

KPI 지표명	산식 예시
예대율	대출 ÷ 예금
순이자 마진(NIM)	(이자 수익 − 이자 비용) ÷ 이자 산출 기준 자산
영업점당 고객 수	총 고객 수 ÷ 영업점 수
신규 고객 증가율	(당기 신규 − 전기 신규) ÷ 전기 고객 수
고객 이탈률	이탈 고객 수 ÷ 전체 고객 수

내부 효율성 및 비용 관리 영역

금융 기관의 효율성과 생산성은 '판관비 비율'과 '디지털 채널 활용도' 등으로도 평가할 수 있습니다. 특히 '디지털 채널 전환율'은 최근 핀테크와의 경쟁 속에서 중요도가 높아졌습니다.

채널 효율성 측면에서 '인당 순이익'이나 '인당 고객 수'는 조직의 생산성과 효율성을 동시에 판단할 수 있는 기본적인 인사·조직 KPI입니다.

'채널당 매출 기여율'은 각 영업 채널이 전체 조직 성과에 어느 정도 기여하는지를 파악할 수 있는 지표로 기능합니다.

KPI 지표명	산식 예시
총 영업 이익 대비 판관비 비율	판관비 ÷ 총 영업 이익
디지털 채널 전환율	디지털 채널 이용 ÷ 전체 채널 이용
인당 순이익	총 순이익 ÷ 전체 임직원 수
인당 고객 수	전체 고객 ÷ 총 직원 수
채널당 매출 기여율	채널별 매출 ÷ 전체 매출

ESG 및 사회적 기여 영역

금융사들은 최근 ESG 요소에 대한 평가를 강조하며 그 비중을 점점 더 확대하고 있습니다. 'ESG 등급'은 공시와 투자 유치에서 중요한 역할을 하며, '녹색 금융 비중'은 지속 가능한 금융의 대표적인 지표입니다.

'사회 공헌 비율'은 공익적 기여도를, '여성 관리자 비율'은 다양성과 포용성을 나타내는 지표로 사용됩니다. '탄소 배출량 감소율'은 친환경 경영의 실제 성과를 수치화한 지표로, 공공·민간 금융 기관 모두에서 중요성이 커지고 있습니다.

KPI 지표명	산식 예시
ESG 등급	외부 평가 기관 또는 내부 기준에 따른 등급
녹색 금융 비중	녹색 채권, 친환경 대출 등 ÷ 전체 투자·여신
사회 공헌 지출 비율	사회 공헌 비용 ÷ 총이익
여성 관리자 비율	여성 관리자 수 ÷ 전체 관리자 수
탄소 배출량 감소율	감축된 CO_2(톤) ÷ 전년 배출량

증권/투자금융

증권사는 브로커리지, 자산관리, 투자은행IB, 트레이딩 등 다양한 사업 부문을 가지고 있으며, 고객 기반 확보와 동시에 운용 성과 및 리스크 관리가 성과에 큰 영향을 미칩니다. KPI는 크게 수익성 및 운용 성과, 고객 기반, 리스크, 상품성, 내부 효율성 중심으로 설계되고 관리됩니다.

수익성 및 운용 성과 영역

증권사의 수익성은 'ROE'를 중심으로 평가되며, 브로커리지·IB·자기 자본 운용 등의 다양한 수익원이 혼합된 구조를 가집니다. '순 영업 수익 증가율'과 '영업 이익률'은 외형 성장성과 수익 효율성을 동시에 보여 주는 지표이며, 특히 트레이딩과 IB 수익 비중이 큰 대형 증권사에서 중요하게 관리됩니다.

'특정 부문별(예: IB, M&A, ECM, DCM 등) 수수료 수익 증가율'은 증권사의 역량 강화나 외부 실적 확대를 직접 평가하는 기준이 됩니다.

KPI 지표명	산식 예시
자기 자본 이익률(ROE)	순이익 ÷ 자기 자본
순 영업 수익 증가율	(당기 순영업 수익 − 전기) ÷ 전기
영업 이익률	영업 이익 ÷ 순영업 수익
트레이딩 수익률	트레이딩 수익 ÷ 운용 자산
IB 수수료 수익 증가율	(당기 IB 수수료 − 전기) ÷ 전기

고객 기반 및 리테일 성과 영역

증권사의 리테일 기반 건전성은 고객 예탁금, 계좌 활성도, 수익 기여도에 기반하여 측정됩니다. '활성 계좌 비율'은 실질적인 고객 유지 수준을 나타내며, '고객 이탈률'과 함께 관리됩니다.

'예탁금'은 증권사 유동성과 단기 운용 능력에 영향을 미치며,

'리테일 수익 비중'은 기관·법인 중심 구조하에서 수익을 위한 구조적 건전성을 진단하는 데 도움을 줍니다. 최근에는 모바일 기반 투자자 유입에 따라 디지털 채널 기반의 고객 지표도 중요해지고 있습니다.

KPI 지표명	산식 예시
계좌 수 증가율	(당기 계좌 수 − 전기) ÷ 전기
활성 계좌 비율	월 1회 이상 거래 계좌 ÷ 전체 계좌
고객 예탁금 증가율	(당기 고객 예탁금 − 전기) ÷ 전기
리테일 수익 비중	리테일 부문 수익 ÷ 총 수익
고객 이탈률	휴면·해지 계좌 ÷ 전체 고객 계좌

운용 및 리스크 관리 영역

운용 리스크 관리는 증권사의 안정적인 성과를 창출하는 가장 기초적인 활동인 만큼 이 영역 역시 중요합니다. 'VaR'과 '레버리지 비율'은 내부 위험 관리와 금융 감독 당국 양쪽에서 활용하는 대표적인 지표입니다.

'운용 자산 회전율'은 보유 자산의 유동성과 단기 수익 추구 성향을 진단할 수 있으며, '고위험 상품 비중'은 투자 포트폴리오의

공격성과 위험 노출도를 판단합니다.

'불완전 판매 비율'은 고객 민원과 내부 통제 품질을 나타내며, 판매 채널 관리나 감독 기관의 평가 기준으로 활용됩니다.

KPI 지표명	산식 예시
운용 자산 회전율	총 매도 금액 ÷ 운용 자산
VaR(Value at Risk)	일정 기간 기준 손실 가능 최대값
레버리지 비율	총자산 ÷ 자기 자본
고위험 상품 비중	고위험 포트폴리오 ÷ 전체 포트폴리오
불완전 판매 비율	분쟁·민원 발생 상품 ÷ 전체 판매 상품

상품성 및 채널 다각화 영역

증권사는 상품 다양성과 유통 채널 확대가 주요 경쟁력 지표입니다. '신규 상품 수'는 혁신성과 기획력을 나타내고, '상품 성공률'은 상품이 실제로 수익성을 창출했는지 여부와 상품의 판매 목표 달성도 등을 측정합니다.

'온라인 채널 수익 비중'은 디지털 트랜스포메이션의 결과를 수치화하는 지표로, 최근 급속히 비중이 커지고 있습니다.

'수탁 수수료 수익'은 자산 관리WM 부문과 직결되며, '고객당 거래액'은 VIP 전략이나 세분화 마케팅을 위한 기초 데이터가 됩니다.

KPI 지표명	산식 예시
신규 상품 수	출시된 펀드, 채권, IPO, 기타 금융 상품 수
상품 성공률	목표 금액 달성 상품 수 ÷ 전체 상품 수
온라인 채널 수익 비중	모바일·웹 기반 매출 ÷ 총매출
수탁 수수료 수익 증가율	(당기 수탁 수수료 − 전기) ÷ 전기
고객당 평균 거래액	총 거래액 ÷ 활성 고객 수

내부 효율 및 지속 가능한 경영 영역

내부 효율성과 거버넌스는 점점 중요한 경영 성과 영역으로 평가되고 있습니다. '인당 순이익'과 '판관비율'은 생산성과 비용 통제력을 나타내는 대표적인 지표입니다.

'업무 자동화율'은 백오피스나 리서치·운영 부서의 효율화를 측정하는 정량적 지표이며, '교육 이수율'은 내부 통제 및 자격 관리 체계의 건전성을 나타냅니다.

'ESG 공시 충실도'는 사회적 책임 이행 정도를 반영하며, 기관 투자자 및 외부 평가 기관에 대한 투명성 평가의 기준으로 활용됩니다.

KPI 지표명	산식 예시
인당 순이익	총 순이익 ÷ 전체 직원 수
판관비율	판관비 ÷ 순 영업 수익
업무 자동화율	자동 처리 업무 수 ÷ 전체 반복 업무 수
교육 이수율	이수 인원 ÷ 교육 대상자
ESG 공시 충실도	공시 항목 충족 수 ÷ 요구 기준 수

11장

서비스 산업 사례

서비스 산업은 고객 접점에서 고객이 경험하는 서비스 품질이 매출로 직결되는 산업입니다. 정비, 렌탈, 유지보수, A/S 등 B2C 기반의 접점형 서비스를 중심으로 성과가 관리되며, 고객 경험, 운영 효율, 수익성과 생산성, 지속 가능성까지 평가할 수 있는 통합적 지표 관리가 필요합니다.

고객 경험 및 만족도 영역

고객 경험 관리는 서비스 산업의 성과 중 가장 핵심적인 영역입니다. 고객이 느끼는 만족과 불편은 기업의 브랜드와 직결되며, 단순한 클레임 수준을 넘어 사업의 존속에까지 영향을 미칠 수 있기 때문입니다.

'CSAT'와 'NPS'는 고객의 만족과 추천 의향을 측정하는 대표 지표로, 단기적인 반응과 장기적인 충성도를 각각 보여 줍니다.

'응대 속도'는 초기 고객 접점에서 중요한 지표로, 고객이 '기다린다'고 느끼는 순간부터 서비스 품질은 하락하기 시작합니다. 'VOC 개선 반영률'은 고객의 목소리를 얼마나 잘 반영하고 있는지를, '재이용률'은 고객 유지율과 충성도를 점검하는 핵심 지표입니다.

KPI 지표명	산식 예시
CSAT(고객 만족도 점수)	만족 응답 ÷ 전체 응답
NPS(순 추천 지수)	추천자 비율 − 비추천자 비율
응대 속도	최초 응답까지 걸린 평균 시간
VOC 개선 반영률	반영된 VOC ÷ 전체 VOC
재이용률	재구매 고객 ÷ 전체 고객

운영 효율 및 서비스 품질 영역

운영 효율은 내부 리소스를 얼마나 효과적으로 활용하는지를 보여 주며, 이는 곧 서비스 품질 향상으로 귀결됩니다. '인당 처리 건수'는 생산성을 측정하는 대표적인 지표이며, '평균 처리 시간'은 고객이 느끼는 직접적 품질 지표입니다. '재방문율'과 '불만 비율'은 서비스의 완결성과 고객 신뢰도를 판단할 수 있는 간접 지표입니다. 특히 불만 접수 비율이 높거나 반복되는 경우, 시스템이나 프로세스의 구조적 문제를 의심할 수 있습니다.

'서비스 실패율'은 내부 품질 관리 체계를 진단할 수 있으며 어떤 단계에서 오류가 발생하였는지 판단할 수 있도록 도움을 주는 지표입니다.

KPI 지표명	산식 예시
인당 처리 건수	총 처리 건수 ÷ 해당 인원 수
재방문율	2회 이상 방문 고객 ÷ 전체 고객
평균 처리 시간	전체 처리 시간 ÷ 처리 건수
불만 접수 비율	불만 건수 ÷ 전체 서비스 건수
서비스 실패율	문제 발생 건수 ÷ 전체 서비스 건수

수익성 및 성장성 영역

서비스업의 수익과 성장은 고객 유지와 확장에서 비롯되므로 주로 고객과 관련된 지표로 구성됩니다. '고객당 매출'은 고객의 소비 규모를 나타내며, '계약 전환율'은 상담이 실제 매출로 전환되었는지를 나타내는 것으로 영업 효과성을 보여 줍니다.

'신규 계약 건수'는 외형적 성장성 지표이며, '월평균 매출 성장률'은 중장기 추세를 예측하는 데 도움이 되는 지표입니다.

'장기 고객 비율'은 충성도 기반의 안정적 매출 구조를 구축하였는지 여부를 판단할 수 있는 지표로, 멤버십 기반 또는 지속 이용형 구독 서비스에서 특히 중요합니다.

KPI 지표명	산식 예시
고객당 매출	총 매출 ÷ 전체 고객 수
신규 계약 건수	해당 기간 중 신규 계약 수
월평균 매출 성장률	월 매출 증감 ÷ 전월 매출
계약 전환율	상담 후 계약 전환 수 ÷ 상담 수
장기 고객 비율	2년 이상 지속 고객 ÷ 전체 고객

조직 생산성과 인력 효율 영역

서비스 품질은 결국 인적 자원으로부터 나오기 때문에 인력의 안정성과 숙련도는 서비스 완성도를 높이는 중요한 관리 지표입니다.

'인당 매출'과 '인당 처리 시간'은 인적 생산성 및 효율성을 측정하는 대표 지표입니다. '이직률'은 서비스 연속성과 고객 경험 일관성을 위협하는 지표이므로 이 역시 관리되어야 합니다. '교육 이수율'은 내부 통제와 서비스 질 관리를 위한 준비 수준을 나타내는 지표이며, '숙련 인력 비중'은 인적 서비스의 안정성을 판단하는 기준입니다.

KPI 지표명	산식 예시
인당 매출	총 매출 ÷ 총 인원 수
인당 처리 시간	총 처리 시간 ÷ 총 인원 수
이직률	퇴사자 수 ÷ 전체 직원 수
교육 이수율	교육 이수 인원 ÷ 대상자 수
숙련 인력 비중	3년 이상 근속자 ÷ 전체 인력

지속 가능 경영 및 브랜드 가치 영역

서비스업은 단기 수익뿐 아니라 장기 브랜드 구축을 위한 지속 수익 창출이 중요합니다. 고객 대응의 질은 기업 브랜드 가치 구축의 초석이 되므로, 'VOC 응답률'과 '민원 처리 시간'은 고객 신뢰를 확보할 수 있는 최소한의 기준입니다.

'ESG 활동 참여율'은 직원들의 인식 수준을 나타내며, 브랜드 인지도는 외부 마케팅 효율과 시장 내 입지를 수치화할 수 있는 유용한 지표입니다.

'지속·반복적인 고객 리뷰 비중'은 충성 고객층의 자발적 마케팅 효과를 측정할 수 있으며, 플랫폼 산업에서 중요한 고객 유입 판단 준거이므로 중요성이 높아지고 있는 지표입니다.

KPI 지표명	산식 예시
VOC 응답률	응답된 VOC 건수 ÷ 전체 VOC
ESG 활동 참여율	ESG 관련 참여 직원 ÷ 전체 직원
브랜드 인지도	브랜드를 알고 있는 응답자 ÷ 전체 응답자
고객 민원 처리 시간	민원 접수일 ~ 종결일 평균
지속 고객 리뷰 비중	반복 이용자가 작성한 리뷰 ÷ 전체 리뷰

12장
공공기관 사례

공공기관은 수익보다는 공익성과 정책 집행력, 예산의 적절한 집행, 성과 확산 등 정성적·정량적 지표를 동시에 활용해 관리되는 산업입니다.

공공기관의 KPI는 정부 경영 평가 기준과 맞물려 있으며 책임성, 투명성, 조직 안정성까지 고려한 다층적인 구조로 운영됩니다.

정책 성과 및 연구 성과 영역

공공기관의 존재 이유는 정책 과제를 정확하고 시의성 있게 수행하는 데 있습니다. 따라서 정책 과제의 수립, 실행, 완료, 활용의 전 과정을 정량화한 지표가 핵심이 됩니다.

'정책 과제 완료율'과 '납기 준수율'은 계획 이행력과 시간 준수 여부를 나타내며, '채택률'과 '제안 수용률'은 연구의 실효성을 보여 주는 성과 지표입니다.

'성과 확산 지수'는 해당 기관의 결과물이 얼마나 대외적으로 활용되고 있는지를 측정할 수 있어, 기관의 위상 및 영향력을 판단하는 지표입니다.

KPI 지표명	산식 예시
정책 과제 완료율	완료 과제 수 ÷ 전체 계획 과제 수
연구 보고서 채택률	외부 기관 채택 수 ÷ 제출 보고서 수
정책 제안 수용률	실제 채택 제안 ÷ 전체 제출 제안
납기 준수율	기한 내 완료 과제 ÷ 전체 과제
성과 확산 지수	성과 활용 채널 수 ÷ 전체 성과물 수

예산 집행 및 재정 효율성 영역

재정 효율성은 정부가 공공기관을 평가할 때 가장 중요하게 보는 항목 중 하나입니다.

'예산 집행률'과 '불용률'은 기본적인 예산 계획·집행 역량을 나타내며, '조기 집행률'은 연중 일관성 있는 재정 운영을 측정하는 데 활용됩니다.

'성과 기반 지출 비중'은 성과 관리 예산 제도PBB와 연계되어 있으며, 기관이 비용을 단순히 집행하는 것을 넘어 실효성 있는 결과 중심으로 운영되고 있는지를 파악합니다.

'예산 대비 성과 비율'은 결과 중심 관리 체계를 도입한 기관들 사이에서 점차 활용 빈도가 높아지고 있는 지표입니다.

KPI 지표명	산식 예시
예산 집행률	집행액 ÷ 예산액
불용률	(예산액 − 집행액) ÷ 예산액
예산 대비 성과 비율	주요 성과 환산 점수 ÷ 예산액
조기 집행률	상반기 집행액 ÷ 연간 예산
성과 기반 지출 비중	성과 목표 연계 예산 ÷ 총예산

조직 운영 및 인력 효율 영역

공공기관의 조직 운영은 안정성과 지속성을 요구받습니다. '인당 연구 성과'는 효율성을, '평균 근속 연수'는 조직의 안정성과 내부 만족도를 보여 주는 정량적 지표입니다. '이직률'이 높을 경우 공공성보다 민간 경쟁 요인에 따라 인력이 이탈할 수 있으므로 안정적인 공공 서비스 품질이 위협받을 가능성이 있습니다. 이를 예방하기 위해 '교육 이수율'과 '내부 역량 개발'도 중요한 평가 항목이 됩니다. 특히 공공기관의 경우 '비정규직 비중'은 고용 안정성의 간접 지표로, 대외 공시 및 경영 평가에서 다뤄지는 영역입니다.

KPI 지표명	산식 예시
인당 연구 성과물 수	연구 산출물 건수 ÷ 전체 연구직 수
평균 근속 연수	총 근속 연수 ÷ 전체 인원
연간 이직률	퇴직자 수 ÷ 전체 직원 수
교육 이수율	교육 수료자 ÷ 교육 대상자
비정규직 비중	비정규직 수 ÷ 전체 직원 수

고객 · 국민 중심 서비스 영역

서비스 만족도를 주요 성과로 강조하는 경향에 따라 공공기관도 점차 '고객 지향형' 지표를 강화하고 있습니다. '민원 처리 만족도'와 '응답률'은 가장 직접적으로 서비스 품질을 판단하는 지표이며, '국민 참여 프로그램'이나 '콘텐츠 접근량'은 기관의 개방성과 소통력을 측정하는 지표입니다. '문의 해결 시간'은 응대 프로세스의 효율성과 고객 지향성 모두를 반영하는 지표입니다.

KPI 지표명	산식 예시
민원 처리 만족도	만족 응답 수 ÷ 전체 응답 수
응답률	기한 내 회신 건수 ÷ 전체 민원 건수
대외 보고서 다운로드 수	보고서 다운로드 건수(웹)
국민 참여 프로그램 비중	참여형 프로그램 수 ÷ 전체 활동 수
문의 해결 시간	평균 문의 처리 시간(일 또는 시간 단위)

지속 가능한 경영 및 공공성 영역

지속 가능성과 공공성은 단기적 수익보다 장기적 기여와 책임을 요구하는 지표군입니다.

'ESG 공시'나 '보고서 발간'은 기관의 책임 경영 이행을 보여주는 대표적인 지표이며, '사회 공헌 활동'이나 '여성 관리자 비율'은 내부 다양성과 윤리적 책임 수준의 이행도를 평가하는 데 유용합니다.

'탄소 배출량'은 특히 에너지 소비가 많은 기관, 또는 환경 사업 관련 기관에서 점검 대상이 되며, '내부 감사 지적률'은 내부 통제 수준을 나타내는 실질적 지표로 쓰입니다.

KPI 지표명	산식 예시
ESG 보고서 발간 여부	연간 보고서 발간 여부(Yes/No)
사회 공헌 사업 수	연간 사회 공헌 활동 건수
탄소 배출량 추이	전년 대비 배출량 증감율
여성 관리자 비율	여성 간부 수 ÷ 전체 간부 수
내부 감사 지적률	지적 건수 ÷ 총 감사 항목 수

13장

직책에 따른 KPI

조직 구성원을 크게 둘로 구분하자면 실무자와 (직책이 있는) 관리자로 구분할 수 있으며, KPI는 각 역할의 특성에 따라 배분되어야 합니다. 실무자Individual Contributor, IC는 자신의 직무 및 기능 수행에 집중해야 하므로 KPI는 본인의 직무 성과 달성 여부를 직접 측정할 수 있도록 설정되어야 합니다. 실무자의 KPI는 주로 정량적이고 반복 가능한 작업을 측정한다는 특징과, 단일 영역에 대해서만 책임을 지며 개인 단위의 실행력을 측정한다는 특징을 보입니다.

반면, 관리자(팀장급 이상)는 팀 단위의 종합 성과에 대해 책임을 지며, 나아가 팀 간 연계를 통한 조직 전체 성과에 일정 부분 기여하기 때문에 실무자 KPI보다 복합적이고 연결성 있는 지표를 활용합니다. 따라서 팀 간 협업, 팀 내 성과 관리, 업무 프로세스에 대한 개선 활동 등을 중심으로 측정하는 KPI가 필요하며, 일부 KPI는 부하 직원의 성과를 통해 간접적으로 평가됩니다. 그에 따른 예시는 다음과 같습니다.

구분	실무자	관리자
성격	개별 과업 중심	조직/팀 성과 중심
범위	단일 직무, 개인 기여	다기능 조직, 타 부서 연계 포함
성과	정량 KPI 위주	정량 + 정성 혼합 KPI
예시	처리 건수, 납기율	예산 운영률, 이직률, 부서 목표 달성률

관리자 KPI

●

관리자Management Level KPI를 구체적으로 살펴보면 단순히 본인의 업무 성과를 넘어, 조직 전체의 목표 달성도와 리더십의 실행력을 평가하도록 설계되어 있습니다. 관리자는 보통 팀, 부서, 조직 단위의 성과에 직접적으로 영향을 미치는 의사 결정에 대한 책임을 지고 있기 때문에 관리자 KPI는 성과 관리, 인력 운영, 예산 집행, 협업 수준, 개선 노력 등 조직 단위에서 측정할 수 있는 관리 역량을 평가합니다. 예를 들어, '조직 목표 달성률'이나 '예산 집행률', '이직률', '개선 과제 이행률', '부서 교육 이수율'과 같은 항목은 관리자가 팀 성과와 안정성을 얼마나 잘 유지하고 있는지를 정량적으로 보여 주는 지표입니다.

또한 관리자 KPI는 단순 수치뿐 아니라 성과 창출을 위한 전략적 사고와 실행력, 타 부서와의 협업 능력, 부하 직원의 역량 개발까지 포함합니다. 예컨대 '신규 과제 기획 수'는 전략적 기획 능력을, '타 부서 협업 만족도'는 관계 조율 능력을 평가하는 데 활용됩니다. 이는 관리자가 단순한 관리 역할을 넘어, 성과 창출의 촉진자Facilitator로서 기능해야 한다는 조직적인 기대를 KPI에 반영한 것입니다. 따라서 관리자 KPI는 리더십의 질을 수치화하는 도구이자, 조직 내 중간관리자의 전략적 성장을 이끌어 내는 핵심 수단이라고 할 수 있습니다.

KPI 지표명	산식 예시	설명
조직 목표 달성률	부서 KPI 달성 항목 수 ÷ 전체 항목 수	조직 단위 성과 달성 여부
예산 집행률	실제 집행 예산 ÷ 승인 예산	자원 운영과 관리 능력

이직률	퇴사자 ÷ 총인원	인력 관리 안정성
신규 과제 기획 수	기획 완료 과제 수	전략적 추진력
타 부서 협업 만족도	만족 피드백 수 ÷ 전체 응답	조직 간 소통 평가
개선 과제 이행률	완료한 개선안 ÷ 제출안	문제 인식 및 개선 실행력
부서 교육 이수율	이수자 ÷ 대상자	조직 내 학습 관리
ESG 실적 참여율	참여 조직 수 ÷ 전체 조직 수	경영 참여 및 지속 가능한 리더십
프로젝트 납기 준수율	기한 내 완료 ÷ 전체 프로젝트	총괄 관리 역량
내부 감사 지적 건수	지적 건수	통제 체계 유지 수준

실무자 KPI

●

 전술한 바와 같이, 실무자Individual Contributor KPI는 개인의 직무 수행력과 실행 성과를 중심으로 설계되며, 해당 업무의 명확한 목표 달성 여부를 정량적으로 평가할 수 있는 지표들로 구성됩니다. 이들은 주로 업무 처리 건수, 오류율, 납기 준수율, 고객 만족도, 평균 처리 시간, 재작업률 등 개인이 직무를 수행하는 과정에서 드러나는 정확성, 속도, 책임감, 고객 대응 품질을 측정하는 데 초점이 맞춰져 있습니다. 실무자 KPI는 개인이 자신의 업무에 대해 자율성과 책임을 느끼며 스스로 결과를 만들어 내도록 동기 부여를 받을 수 있게 설계되어야 하며, 업무의 특성과 계량 가능성에 따라 구체적 산식으로 나타나게 됩니다.

또한 실무자 KPI는 단순 업무량뿐 아니라 업무의 질적 성과, 역량 강화를 위한 학습 태도, 제안 실적 등을 함께 반영하여, 개인의 성장 가능성과 조직 기여도를 함께 평가할 수 있도록 해야 합니다. 예를 들어 '교육 참여율', '개선 제안 건수' 등은 업무 외 활동에서의 적극성과 태도를 나타내며, 단기 성과뿐 아니라 장기적 인재 개발을 위한 지표로 활용됩니다. 결국 실무자 KPI는 개인의 역량을 계량화해 조직 성과와 연결하는 구조로 나타나며 실무자가 수용 가능하게 설계되어야 합니다.

KPI 지표명	산식 예시	설명
평균 업무 처리 건수	완료 건수 ÷ 기간	개인 업무 성과량
평균 처리 시간	총 소요 시간 ÷ 건수	효율성 평가
오류/불량률	오류 건수 ÷ 전체 건수	품질 지표
납기 준수율	기한 내 완료 ÷ 전체 과제	책임성 지표
고객 응대 만족도	만족 응답 ÷ 전체 응답	CS 업무 시
재작업률	재작업 건수 ÷ 전체 건수	작업 정확도

제안 건수	제안 등록 수	개선 의지 평가
출석률	실제 근무일 ÷ 기준 근무일	근태 성실성
교육 참여율	참여 수 ÷ 대상 수	학습 참여 의지
기계 가동률 (생산직 등)	실제 가동 시간 ÷ 총 근무 시간	설비 활용 지표

14장

직군에 따른 KPI

영업/마케팅

영업과 마케팅 직군은 매출 신장과 고객 확보가 무엇보다 중요한 핵심 과업이므로 이를 반영해야 합니다. 관리자는 팀 단위의 목표 달성률, 전환율, ROI 등 거시적인 KPI를, 실무자는 개인 영업 실적, 제안 활동, 고객 응대의 질과 같이 고객 대면 상황에서 측정할 수 있는 특성의 KPI를 배분하는 것이 바람직합니다.

구분	KPI 지표명	설명
관리자	영업 목표 달성률	팀/지역별 목표 대비 매출 실적
	거래처 유지율	재계약/반복 거래 고객 비율
	신규 고객 확보 건수	팀 단위 유입 실적
	판촉 ROI	캠페인 수익 ÷ 지출 비용
	마케팅 리드 전환율	유입 대비 계약 전환 비율
실무자	월별 실적 달성률	개인 매출 목표 대비 실적
	고객 응대 만족도	NPS, 피드백 점수 등
	제안서 제출 수	고객 제안 수 또는 입찰 수
	프로모션 참여율	마케팅 이벤트 참여 실적
	CRM 입력 정확도	시스템에 기록된 활동 누락률

연구 개발

●

　연구 개발은 기술 완성도와 일정 준수가 중요하므로, 관리자는 개발 과제의 성과, 특허, 리드타임 관리 등 기획·총괄에 초점을 맞추고, 실무자는 실험 수행, 시제품 제작, 문서화 등 실질적 기술 연구와 연구에 대한 적용력을 중심으로 성과를 측정합니다.

구분	KPI 지표명	설명
관리자	과제 성공률	목표 기술 스펙 충족/상용화
	기술 이전/특허 등록 수	결과물 상용화 여부
	개발 리드타임 준수율	기획~완료까지 소요 일수 추적
	개발비 집행률	부서 예산 집행 실적
	연구 개발자 이직률	인력 유지 여부
실무자	실험 성공률	반복 테스트 중 합격 비율
	문서 작성 건수	기술 문서/리포트 정리 실적
	기술 검토 피드백 수용률	피드백 반영 건수
	개발 과제 납기율	본인 담당 과제 일정 준수율
	시제품 제작 건수	테스트/모듈 개발 실적

생산/생산 관리

●

생산 직군의 KPI는 공정 효율성과 가동율, 품질, 납기 준수 여부가 핵심입니다. 관리자는 전체 공정 관리, 라인 생산성, 설비 가동률, 재고 흐름 등 총괄 효율성에 따라, 실무자는 본인의 생산량, 작업 정확도, SOP 준수 여부에 따라 평가되는 것이 좋습니다.

구분	KPI 지표명	설명
관리자	공정 납기 준수율	전체 공정 흐름/스케줄 관리
	라인당 생산성	시간 단위당 생산량
	재공품 회전 일수	WIP 재고량 최적화
	설비 가동률	공장 단위 설비 평균 가동
	불량률 감소율	전월 대비 개선 실적
실무자	생산 실적 달성률	작업 지시대비 실적 비율
	불량 발생 건수	작업 중 발생 오류 수
	1인당 UPH	시간당 생산 단위 수
	작업 표준서 준수율	SOP 이탈 여부
	안전 관리 체크율	작업 전후 안전 점검 수행 건수

IT(개발/운영/보안)

●

IT 직군은 시스템 안정성과 개발 효율을 중심으로 평가되어야 합니다. 관리자는 프로젝트 완수율, 장애 대응, 예산 집행 등 총괄 기술 관리 지표를, 실무자는 개발 기여, 커밋, QA, SLA 이행 등 코드·서비스 품질 중심 KPI를 통해 성과를 측정합니다.

구분	KPI 지표명	설명
관리자	장애 대응 리드타임	장애 발생~조치까지 평균 시간
	프로젝트 완료율	기한 내 개발 완료 프로젝트 수
	시스템 가용성	월 기준 서버/시스템 다운 시간 비율
	개발 예산 집행률	프로젝트 단위 예산 소진 수준
	백로그 감소율	누적 오류, 요청 감소 추이
실무자	코드 커밋 수	개발자 기여 실적
	QA 통과율	테스트 단계 무결함 통과 비율
	요청 응답 시간	티켓, 고객 요청 응대 시간
	SLA 준수율	서비스 수준 협약 조건 이행률
	기술 문서 작성 건수	개발 내역 문서화 실적

재무/회계

•

재무에서는 정확성과 기한 준수, 오류 방지가 무엇보다 중요한 평가 요소입니다. 관리자는 결산 정확도, 감사 대응, 예산 관리 등 조직 통제 성과에, 실무자는 입력 오류율, 정산/세무 문서 처리, 마감 일정 준수 등 개인 업무 정확성에 집중한 KPI를 부여받아야 합니다.

구분	KPI 지표명	설명
관리자	월 결산 마감 정확도	마감 오류 여부 및 기한 준수
	비용 예산 오차율	집행 대비 편차율 관리
	내부 감사 지적률	부서 회계 프로세스 통제력
	법인세 신고 오차율	외부 감사/세무 리스크
	예산 대비 실적 분석률	부서별 실적 분석 보고
실무자	분개 오류 건수	입력 실수 발생률
	증빙 누락률	증빙 자료 적시 확보율
	거래처 정산율	마감일 기준 정산 완료율
	회계 마감 기한 준수율	월별 일정 내 마감 성공율
	세금 계산서 발행 오류율	부가세, 전자 세금 계산서 누락 건

구매

•

구매는 단가 관리와 납기 확보, 협력사 관리 역량이 무엇보다 중요합니다. 관리자는 공급 안정성과 절감률, 벤더 관리에 집중하며, 실무자는 발주/계약의 정확성과 견적 대응률을 중심으로 KPI가 설정됩니다.

구분	KPI 지표명	설명
관리자	원가 절감률	전년 대비 단가 인하율
	공급업체 이탈률	우수 벤더 유지율
	긴급 구매 건수	계획 외 발생 비율
	계약서 오류율	계약 조건/항목 누락률
	납기 이행률	전체 발주 대비 납품 완수율
실무자	PO 처리 시간	발주 생성~발행까지 소요 시간
	단가 비교 분석 건수	벤더별 견적 비교 횟수
	납기 지연 건수	본인 처리 건 중 지연된 수
	견적 수신율	견적 요청 대비 수신 완료 비율
	계약 입력 오류 건	ERP 등 계약 입력 실수 건수

인사/총무

●

인사/총무는 사람과 조직의 안정 및 동기 부여, 내부 고객 만족도 향상과 제도의 효과적 집행이 기능상의 주요 목표입니다. 관리자는 이직률, 교육률, 조직 만족도 등 조직 관리 중심 KPI에, 실무자는 급여/채용 등 행정 정확도, 출결 관리, 복무 기록 등 실행 중심 KPI에 초점을 둡니다.

구분	KPI 지표명	설명
관리자	이직률	부서 인력 유출 비율
	교육 이수율	연간 대상자 기준 교육 참여율
	노무 분쟁 건수	발생 민원 및 조정 건수
	인사 정보 오류율	인사 시스템 데이터 정확도
	조직문화 만족도	사내 설문 기반 신뢰도
실무자	급여 오류 건수	급여 계산 실수 발생 건수
	복무 기록 누락률	출결/휴가 입력 누락 비율
	채용 서류 검토 건수	입사 지원서, 경력서 등
	교육 안내 기한 준수율	정해진 일정 내 고지율
	사내 자산 관리율	재고, 비품, 장비 관리 정확도

품질 관리

•

품질 관리에서는 제품/서비스의 오류 예방과 검수 정확성 관리를 무엇보다 중요한 목적으로 삼습니다. 관리자에게는 불량률, 클레임률, 내부 감사 등 체계적 품질 관리 KPI를 부여하며, 실무자는 검사 정확도, 불량 발견율, 문서 준수 여부로 평가받습니다.

구분	KPI 지표명	설명
관리자	불량률 관리 목표 달성률	불량률 목표 대비 실적 달성률
	고객 클레임 발생률	전체 납품 대비 클레임 비율
	FTR(First Time Right)	첫 검사 적합률
	내부 품질 감사 수행률	예정된 품질 감사 수행률
	표준 프로세스 준수율	작업 표준서 이탈률
실무자	검사 적합률	본인 검사 건 중 합격 비율
	불량 발견율	총 검사 건 중 이상 탐지 비율
	작업 표준서 숙지율	작업 매뉴얼 이해 및 적용률
	클레임 처리 건수	본인 담당 클레임 처리 실적
	검사 시간 대비 처리량	시간당 검사 건수

CS(고객지원)

●

CS는 고객 만족도와 고객 응대 품질이 성과의 핵심입니다. 관리자는 고객 만족도, 응답률, VOC 반영 등 전반적인 운영 품질을 책임지며, 실무자는 응대 건수, 재문의율, 초기 응답 속도 등 실무 품질 지표를 책임지는 형태로 평가받습니다.

구분	KPI 지표명	설명
관리자	CS 응대 만족도	고객 설문 만족 응답 비율
	재문의 감소율	전월 대비 반복 문의 감소율
	처리 리드타임 평균	초기~해결 평균 시간
	VOC 반영률	정책 반영된 고객 의견 비율
	콜센터 응답률	전체 콜 중 응답 완료 비율
실무자	응대 건수	본인이 하루에 처리한 건수
	초기 응답 시간	고객 접점까지 소요된 시간
	이탈 고객 응대 성공률	이탈 고객 중 재유지된 비율
	대화 품질 점수	상담 품질 평가 점수
	스크립트 이탈률	표준 멘트 이탈 빈도

물류/SCM

●

물류는 납기, 재고, 비용 관리를 최적화하는 것이 KPI의 주요 목표입니다. 관리자의 KPI는 재고 회전율, 납기율, 물류비 통제에 초점을 두며, 실무자는 입출고 정확성, 문서 처리, 창고 정리 등 현장 실행력 중심의 KPI로 평가됩니다.

구분	KPI 지표명	설명
관리자	납기 준수율	납기 내 입고/출고 비율
	재고 회전율	출고 ÷ 평균 재고
	물류비 절감률	예산 대비 절감액 비율
	물류 오류율	오배송/누락 비율
	입고 지연 발생 건수	입고 계획 지연 횟수
실무자	출고 처리 건수	일일 기준 출고 처리 수
	입고 정확도	라벨, 수량 오류 비율
	피킹 오류율	피킹 작업 중 오류 발생률
	운송 문서 처리율	B/L, 납품서 정시 발행률
	창고 정리 상태 점수	검사 기준 적합도

전략/기획

●

기획 직군은 계획 수립과 실행 관리가 KPI 주축입니다. 관리자는 과제 완성도, 계획 적시성, 조직 간 연계성 및 파급력을 기준으로, 실무자는 자료 작성, 분석 정확도, 일정 준수, 조사 반영률 등 실행력을 기준으로 평가됩니다.

구분	KPI 지표명	설명
관리자	전략 과제 실행률	계획된 과제 중 완료 비율
	사업 계획 수립 적시성	연간 기획 일정 내 제출률
	조직 KPI 정합성	조직 KPI 간 논리적 일치율
	경영 보고서 제출 기한 준수율	정해진 기한 내 보고율
	성과 지표 관리 점수	사후 리뷰 반영률
실무자	자료 작성 건수	기획안, 보고서 작성 실적
	시장 조사 정확도	내외부 통계 반영률
	수치 분석 오류 건수	분석 자료 수치 오류 발생 수
	기획 일정 준수율	업무별 마감 일정 준수율
	성과 관리 피드백 반영률	수정 사항 반영 실적

Chapter 04

HR과 성과 관리의 미래

15장

HR 메가트렌드

　서두에 언급한 것처럼 업적 평가의 메가트렌드는 크게 두 가지로 정리할 수 있습니다. 정량적 KPI에서 추상적 목표 달성을 위한 핵심 지표인 OKR로의 전환, 그리고 결과 중심에서 과정까지 함께 평가할 수 있는 성과 신고 방식 Performance Check-in의 가미입니다. 이 흐름은 최근 글로벌 기업뿐 아니라 국내 선도 조직으로까지 확산되고 있으며, 성과 관리의 패러다임이 변화하고 있음을 나타냅니다.

OKR의 등장

•

첫 번째 메가트렌드는 전통적 KPI 측정 방식에서 OKR_{Objectives and Key Results}로의 전환입니다. KPI는 일반적으로 측정 가능한 결과 중심의 지표로 구성되며, '무엇을 성취했는가'를 중점적으로 평가합니다. 반면 OKR은 보다 본질적이고 추상적인 목표_{Objectives}와 그 목표를 실현하기 위한 핵심 결과_{Key Results}를 함께 설정함으로써 구성원이 조직의 본질적인 목표에 집중하도록 하며, 그것을 실행하기 위한 과정에서 기존보다 더 큰 주도권을 부여합니다.

OKR은 KPI보다 상대적으로 유연하고, 정량보다 정성의 요소를 더 많이 반영할 수 있습니다. 예를 들어 KPI가 '월 100건 계약 체결'이었다면, OKR은 '신규 유망 고객군에 대한 전략적 계약 확대'라는 목표하에 'Top 3 고객사 대상 파일럿 제안 제출', '계약 협상 진입 5건 이상'과 같은 구체적인 결과 지표를 구성할 수 있습니다. 단순 결과 수치보다 '전략적으로 의미 있는 움직임'에 집중하는 구조입니다.

구글, 링크드인, 에어비앤비 등 글로벌 기업들은 이미 OKR을 전사적으로 운영하고 있으며, 국내에서도 빅테크 기업인 C사, K사 등 빠른 실행과 학습을 요구받는 조직을 중심으로 가파르게 확산되고 있습니다. OKR은 구성원이 목표 설정에 직접 참여하고, 평가보다 성장에 집중할 수 있도록 설계되어 있어 자율성과 몰입도 향상 측면에서 강점을 보입니다.

그러나 OKR을 잘못 도입할 경우 불명확한 기준, 책임 회피, 평가 연계 모호성 등의 부작용도 따릅니다. 따라서 전환 시에는 KPI와 OKR의 차이를 명확히 이해하고, 단계적으로 전환하거나 병행 적용하는 과도기적 전략이 필요합니다. 예를 들어 상위 조직은 핵심 KPI를 통해 조직의 목표를 관리하고, 하위 조직은 OKR을 도입해 구성원이 부여받은 본연의 목표 실행에 집중하도록 운영해 보는 방식도 가능합니다.

과정 중심 평가의 가미

두 번째 메가트렌드는 결과 중심 평가에서 과정 중심의 퍼포먼스 체크인Performance Check-in 방식으로 전환되는 흐름입니다. 전통적 평가는 '연말 평가' 등 고정된 시점에 결과 수치를 기반으로 하여 일방적으로 평가하는 방식이었다면, 최근에는 주기적 대화와 피드백을 통한 성과 조율과 그 성과를 달성하는 과정 자체에 가치를 두는 것으로 초점이 맞춰지고 있습니다.

퍼포먼스 체크인은 단지 '지금 어디까지 했는가'를 묻는 것이 아니라, 무엇이 어려운지, 방향이 맞는지 등을 실시간으로 교정하고 지원하는 운영 체계입니다. 예를 들어 월 1회 팀 리더와의 1:1 대화에서 '이번 달 목표는 너무 도전적이었고, 내부 협업이 더 필요했다'는 이야기가 오갈 수 있으며, 이에 따라 목표를 조정하거나 리소스를 재배분할 수도 있습니다.

어도비, 마이크로소프트 등 글로벌 기업은 이미 연간 고정식 평가를 폐지하고, 분기별·월별 퍼포먼스 리뷰 시스템을 도입하여 피드백과 성장을 동시에 추구하고 있습니다. 이 모델은 '성과' 그 자체보다는 성과를 만들어 가는 역량과 실행력에 주목하고 있으며, 성공의 전조 Early Signal를 포착하는 데 유리합니다.

국내 기업 역시 새로운 산업을 중심으로 '성장 기반 평가', '팀별 목표 달성 리뷰 회고', '상시 피드백 시스템' 등을 시도하고 있습니다. 이 같은 변화는 단순히 제도의 수준을 넘어 리더의 코칭 역량이 중요해지고 구성원이 자기 조율 능력을 향상할 필요성이 커지는 세태를 반영합니다. 나아가 성과를 성찰하는 문화가 정착되어야 함을 시사하므로, HR의 역할이 '제도 설계자'에서 '문화 변화 촉진자'로 변화하고 있다는 것을 의미하기도 합니다.

메가트렌드 실현을 위한
초석으로서의 KPI

•

OKR이나 퍼포먼스 체크인과 같은 새로운 업적 평가 메가트렌드가 떠오르고 있음에도 불구하고, 기본적인 KPI 체계조차 제대로 도입해 본 경험이 없는 조직은 이러한 변화에 실질적으로 대응하기 어렵습니다. KPI를 도입하는 것은 성과 측정의 가장 기초적인 틀을 설계하는 것으로, 조직의 목표와 개인/팀의 업무를 연결하고, 측정 가능한 기준을 만드는 훈련 과정이라 할 수 있습니다. 이 체계를 경험해 보지 못한 조직은 '목표 설정-성과 측정-피드백'이라는 기본 사이클 자체에 익숙하지 않아, 더 유연하고 자율적인 시스템을 운영하는 데 혼란을 겪기 쉽습니다.

특히 KPI 설계 경험이 없는 기업은 OKR의 유연성과 도전성을 제대로 이해하거나 구현하지 못해 오히려 평가 기준이 모호해지고 책임 소재가 불분명해지는 문제에 직면할 수 있습니다. KPI는 단순한 수치 측정이 아니라, 성과 관리의 언어를 조직 전반에 심는 과정이기도 합니다. 이를 통해 구성원들이 목표에 대해 숫자로 말하고, 결과를 기반으로 대화하며, 개선의 단서를 스스로 발견하는 역량을 갖게 됩니다. KPI의 이러한 역할을 경험해 본 조직일수록, 이후 OKR로의 전환도 더 효과적이고 빠르게 이행할 수 있습니다.

또한, 퍼포먼스 체크인 역시 성과와 과정을 구분하고 그 흐름을 정기적으로 점검하는 시스템적 사고가 전제되어야 제대로 작동할 수 있습니다. KPI를 기반으로 성과를 정기적으로 리뷰하고 피드백하는 문화가 없는 조직은 체크인을 단순 면담이나 감정 교류의 장으로 오해할 가능성이 큽니다. 즉, 기초적인 성과 관리 역량과 체계가 없는 상태에서 새로운 패러다임을 도입하면 형식만 도입되고 실질은 공허해질 위험이 있습니다. 이런 점에서, KPI 체계는 단지 과거의 방식이 아니라 미래 지향적 성과 관리로 나아가기 위한 필수 기반이라 할 수 있습니다.

스킬 세트 기반의 역량 관리

●

최근 HR 영역에서는 역량 지표의 관리 방식이 근본적으로 변화하고 있습니다. 과거에는 대부분의 기업이 공통 역량, 직무 역량, 리더십 역량과 같은 전통적 프레임을 활용해 역량 모델을 설계하고, 이에 대한 행동 기준 Behavioral Indicators을 바탕으로 구성원들을 평가하거나 교육하곤 했습니다. 예를 들어, '문제 해결 능력'이라는 역량을 보유했다고 판단하려면 '정의된 문제를 논리적으로 분석하고 대안을 제시한다'는 행위가 기준이 되는 방식입니다.

그러나 이러한 접근은 실제 업무 수행이나 시장 변화에 즉각 대응하기 어려운 한계를 드러내고 있습니다. 이러한 배경에서 등장한 메가트렌드가 바로 스킬 세트Skill Set 기반의 역량 관리입니다. 스킬 세트는 전통적인 '역량'보다 더 구체적이고 실행 중심적인 단위로 구성된 기술 요소를 의미합니다. 예를 들어 기존에는 '디지털 리터러시'라는 역량 하나로 뭉뚱그려 평가하던 것을, 이제는 '파이썬 기본 문법 이해', 'SQL을 이용한 데이터 추출', '태블로 시각화'와 같은 개별 기술 스킬 단위로 쪼개어 관리하고, 각 스킬의 보유 여부, 숙련 수준, 실전 적용 여부 등을 세밀하게 측정합니다. 이는 특히 디지털 전환, AI 도입, 리스킬링 등 빠르게 진화하는 업무 환경에 대응하기 위해 실용적인 접근이 필요한 상황에서 더욱 각광받고 있습니다.

스킬 세트 기반의 관리 방식은 평가의 대상뿐 아니라 학습과 경력 개발의 방식도 함께 바꿔 놓습니다. 직원들은 더 이상 모호한 역량 키워드를 숙지하고 형식적으로 교육을 이수하는 것이 아니라, 실제 실무에서 어떤 툴을 다룰 수 있고, 어떤 문제를 해결할 수 있는지를 중심으로 성장하게 됩니다. 예를 들어, 아마존은 '클라우드 아키텍트Cloud Architect', '데이터 프로덕트Data Product' 같이 직무별로 수백 개의 마이크로 스킬Micro-skill을 정의하고 이를 바탕으로 직무 전환이나 승진 가능성을 판단합니다. 국내에서도 대기업 중심으로 사내 스킬 인벤토리Skill Inventory 시스템을 구축하고, 구성원의 스킬 현황을 수시로 분석하며 인재 배치와 업스킬링Upskilling 전략을 실행하고 있습니다.

전통적인 역량 모델은 조직 철학과 일관된 인재상을 내재화하는 데 강점을 갖지만, 현실 적용 시 구성원 간 역량 차이를 측정하기 어렵고, 역량 개발 방향도 모호한 경우가 많았습니다. 반면 스킬 세트는 비교적 객관적이고 인식 가능한 기준을 제공하며, 외부 시장 기준과도 쉽게 연결할 수 있다는 장점이 있습니다. 이는 특히 채용, 내부 인사 이동, 리스킬링에서 데이터 기반의 의사 결정에 도움을 주게 됩니다.

결과적으로 스킬 세트 기반의 역량 관리는 단순히 평가 체계의 변화가 아니라, 조직 전체의 인재 육성, 배치, 경력 설계, 교육 콘텐츠 운영 방식까지 근본적으로 전환시키는 방향으로 작동합니다. 앞으로의 HR은 '이 사람이 얼마나 잘할 수 있는가'를 추정하는 것이 아니라, '이 사람이 어떤 스킬을 갖고 있고, 어떤 업무에 바로 투입 가능한가'를 실시간으로 판단하고 활용하는 구조로 발전해 나갈 것입니다. 스킬 세트는 단순한 대체 수단이 아니라, 역량 관리의 실질화를 가능하게 하는 진화된 방식인 것입니다.

16장

新 제도 도입을 위한 노무 관리 포인트

KPI 지표 정비 등 새로운 성과 관리 시스템을 도입하기 위해서는 다음의 노무 리스크를 선제적으로 점검해야 합니다.

취업규칙 불이익변경 이슈

새로운 평가 제도를 도입할 경우 그에 따른 인사 규정을 정비해야 합니다. 이때 규정이 변경되는 것이 구성원에게 불이익으로 작용하는지에 따라 취업규칙 불이익변경 이슈가 발생할 수 있습니다.

새로운 평가 제도 도입이 구성원의 불이익을 유발하는 대표적인 경우는 평가 등급 배분 비율을 조정하는 것입니다. 예컨대 상대 평가를 운영하는 기업이 저평가 등급(C 이하)을 기존보다 높은 비율로 확대한다고 할 경우 그로 인해 불이익을 당하는 구성원이 반드시 발생할 수 있기에 해당 평가 기준 변경은 불이익변경으로 평가될 수 있습니다. 취업규칙 불이익변경에 해당할 경우 해당 사업장의 근로자 과반수로 조직된 노동조합, 또는 (노동조합이 없다면) 구성원 집단의 동의를 구하는 규정 변경 절차가 필요합니다.

또한, 평가 제도의 변경이 근로자의 임금, 근로시간, 복리후생 등 주요 근로 조건에 영향을 미치는 경우, 이는 근로기준법상 취업규칙의 불이익변경으로 판단될 수 있습니다 즉, 평가 제도 개편에 따라 불이익을 입는 근로자가 1명이라도 발생하는지를 명확히 파악한 뒤, 집단 동의 필요 여부를 검토해야 합니다.

노동법상 차별 이슈

●

새로운 평가 제도를 운영하는 과정에서 특정 직군이나 개인에게 불리한 지표를 부여하거나 평가 주기를 차별적으로 설정하는 경우, 이는 근로기준법상 균등 처우 원칙에 위배될 수 있습니다. 예를 들어 동일한 업무를 수행하는 남녀 근로자에게 서로 다른 평가 지표를 적용하거나, 특정 연령대의 근로자에게만 엄격한 평가 기준을 적용하는 경우, 이는 성별 또는 연령에 따른 차별로 간주될 수 있습니다. 혹은 저성과 등의 합리적인 이유 없이 임의적으로 특정 직군을 선정하여 평가 주기를 지나치게 짧게 설정하는 등의 행위는 노동법상 차별 이슈를 발생시킬 수 있습니다.

또한, 기간제 근로자에게 정규직 근로자와 동일한 업무를 부여하면서도 평가 지표나 주기를 다르게 설정하는 경우, 이는 기간제 및 단시간 근로자 보호 등에 관한 법률에 위반될 수 있습니다. 따라서 평가 지표와 주기의 설정은 업무의 성격과 난이도, 근로자의 직무 범위 등을 고려하여 합리적이고 공정하게 설정되어야 하며, 차별적 요소가 포함되지 않도록 주의해야 합니다.

핵심 인재와 저성과자 관리 이슈

KPI는 평가 제도의 일부이므로 평가 제도를 설계하거나 개선할 때 KPI를 어떻게 활용할지 함께 고민해야 합니다. 이때 가장 근본적으로 고민해야 하는 부분은 우수 평가자(핵심 인재)에 대한 동기 부여 측면과 저평가자(저성과자)에 대한 관리 측면이라고 볼 수 있습니다.

핵심 인재에 대해서는 평가 결과에 합당한 기본급 인상Merit Increase 혹은 성과급(TI 혹은 PS 배분)을 지급해야 하며, 이때 근로기준법상 차별 이슈가 발생할 수 있습니다. 노동법에서의 차별이라 하면 합리적인 이유가 없는 경우를 상정하는 것이므로, 평가 결과가 우수하다는 근거와 KPI 실적 등을 잘 정리해 둔다면 이러한 차별 분쟁이 발생하더라도 충분히 대응할 수 있습니다.

또한 저성과자에 대해서는 저평가의 원인을 규명하고, 그에 합당한 피드백을 통해 성과를 개선하는 것을 첫 번째 목표로 삼고 관리해야 합니다. 그럼에도 성과 향상의 가능성이 낮거나 업무 태도의 개선 여지가 없을 경우 방출Outplacement을 고려해야 합니다. 이때 이른바 'PIPPerformance Improvement Program'를 통해 육성, 평가, 피드백, 인사 조치를 반복하여 저성과자 방출의 정당성을 확보해야 합니다. 체계 없이 저성과자를 질책하거나 무리하게 해고를 단행할 경우, 직장 내 괴롭힘 진정이 제기되거나 부당해고 구제신청이 발생할 수 있으므로 반드시 정당한 법적 체계를 마련하는 일이 선행되어야 합니다.

통상임금 및 평균임금 이슈

•

　평가 제도는 특정 임금 항목이 통상임금의 성격을 갖고 있는지 여부를 결정하는 주요한 요소로 활용되기도 합니다. 최근 대법원 판결에 따라 통상임금을 판단하는 주요 지표 중 '고정성' 요건이 폐기되었고, 이에 따라 '소정근로대가성'이 가장 중요한 지표로 부상하였습니다. 즉, 평가 결과와 무관하게 특정 임금의 일정액이 보장될 경우 해당 임금분은 소정근로의 대가성이 있는 것으로 평가되어 통상임금성을 인정받게 됩니다.

　그러나 어떤 임금 항목이 평가 결과에 따라 지급 여부가 달라질 수 있도록 설계되어 있다면, 해당 임금은 소정근로의 대가로 보기 어렵습니다. 이는 근로자가 소정근로 이상으로 '근로의 질Quality'을 충족해야만 지급되는 것이기 때문에 통상임금으로 인정될 가능성이 적은 것입니다. 따라서 평가 제도 설계 후 이를 임금에 연계할 것인지 설계하는 과정에서, 특정 임금이 통상임금이 될 수도, 그렇지 않을 수도 있습니다.

　따라서 평가 결과에 따라 임금의 액수가 유연하게 운영되는 변동성 강화 형태의 임금 체계를 구성해야 법적 시비로부터 자유로워질 수 있습니다. KPI 실적에 따라 인센티브를 지급하기로 하였으며, 그 인센티브의 재원은 영업 이익 혹은 당기순이익이라고 할 때, 과연 해당 인센티브를 평균임금 산입의 범위에 포함해야 할지가 쟁점인 것입니다. 이때 재원 마련Funding의 지표를 최대한 기업이익 기반으로 설정해야 해당 임금의 평균임금 산입 가능성을 낮출 수 있습니다.

이렇게 평가와 연계된 보상 제도 설계 시 노무 리스크를 최소화하기 위해서는 평가 제도의 설계 단계에서부터 법적 검토가 병행되어야 하며, 완성된 제도 운영 시 노무 리스크를 예측할 수 있는 인적 역량이 반드시 구비되어 있어야 합니다.

노란봉투법에 따른 교섭 의무 이슈

●

최근 이른바 '노란봉투법'에 따라 노동조합법이 개정되었습니다. 그로 인해 노사 관계에서의 격변이 예상되고 있기에 기업의 대응책 마련이 중요해졌습니다.

특히 주목해야 할 점은 교섭과 분쟁(쟁의행위) 대상의 범위가 넓어졌다는 것입니다. 사용자의 인사권으로 인정되는 것 중 하나인 평가권이 근로 조건에 영향을 미친다면 노동조합과의 단체 교섭 대상으로 인정될 수 있기에 KPI 개정 및 적용 단계에서 노동조합과의 교섭 의무가 부과될 수 있습니다.

따라서 기업은 KPI 도입 시 우리 회사의 KPI가 근로자들의 근로 조건에 어떻게 영향을 미칠 수 있는지를 파악해야 하며, 근로 조건에 영향을 미칠 경우 그 영역에 대해서만 노동조합 혹은 근로자 집단과의 교섭 및 논의를 하는 방안을 강구해야 합니다. 그래야만 사용자의 인사권 전체가 노조로부터 제약을 받는 상황을 예방할 수 있으며, 합리적인 인사 운영 체계를 유지할 수 있습니다.

노무 리스크 진단 체크리스트

●

이 체크리스트는 기업이 KPI, OKR 등 새로운 성과 관리 제도를 도입하거나 개편할 때 발생 가능한 노무 리스크를 진단하고 예방하기 위한 도구입니다. 제도 변경은 단순한 평가 방식에 그치지 않고 근로 조건, 임금 구조, 조직문화에 영향을 미치기 때문에 법적 검토가 반드시 수반되어야 합니다.

이 체크리스트는 ▲취업규칙 불이익변경 여부, ▲직군 간 지표 차별성, ▲핵심 인재와 저성과자 관리의 정당성, ▲성과급의 통상임금과 평균임금성, ▲조직 운영상의 갈등 가능성, ▲노란봉투법에 따른 교섭 의무 여부의 6대 핵심 영역에서 총 30여 개 항목을 점검할 수 있도록 구성되어 있어, 실무 담당자와 인사 부서, 노무 자문 기관이 빠짐없이 사안을 검토할 수 있도록 돕습니다.

이는 또한 단순 확인용 문서를 넘어, 제도 설계 초기 단계에서부터 리스크를 구조적으로 줄이고, 운영 과정에서 법적 분쟁을 예방할 수 있는 나침반 역할을 수행하게 됩니다. 됩니다. 특히 불이익변경이나 차별 판단처럼 사후에 문제가 불거질 경우 소송 및 노사 갈등으로 확대될 수 있는 요소들에 대해 사전 확인 및 대응책을 마련하도록 도움을 줍니다.

이 체크리스트는 단순 평가 제도 개편뿐만 아니라, 성과 연계 보상제 도입, 조직 개편 시 평가 체계 변경, 직무별 맞춤형 KPI 구축 등 다양한 변화 상황에 두루 활용 가능합니다. 이를 통해 조직은 성과 관리 제도의 합법성과 구성원 수용성을 동시에 확보할 수 있습니다.

1. 취업규칙 불이익변경 이슈

1	평가 제도 변경에 따라 근로 조건(임금, 등급, 승진 등)에 불이익이 발생하는 근로자는 없는가?	☐ Yes ☐ No
2	해당 변경이 취업규칙의 불이익변경에 해당할 가능성은 없는지 검토했는가?	☐ Yes ☐ No
3	근로자 과반 또는 과반수 노동조합의 동의를 받았는가?	☐ Yes ☐ No
4	불이익변경 관련 설명회, 고지 등 절차를 이행했는가?	☐ Yes ☐ No
5	평가 등급 배분 비율의 변경이 구성원의 보상/경력에 미치는 영향을 분석했는가?	☐ Yes ☐ No

2. 노동법상 차별 이슈

1	본질이 동일한 업무에 대해 직군/성별/고용 형태와 관계없이 동일한 지표가 부여되는가?	☐ Yes ☐ No
2	기간제/계약직/정규직 간의 평가 기준 및 주기 차이가 합리적으로 설명 가능한가?	☐ Yes ☐ No
3	특정 연령대, 성별, 국적 등에 따라 사실상 차별적 구조가 형성되지 않는지 검토했는가?	☐ Yes ☐ No
4	저성과자 관리 목적의 단기적 평가 주기 설정이 지나치게 자의적이지 않은지 검토했는가?	☐ Yes ☐ No
5	차별 소지 여부에 대한 사전 법률 검토 또는 노무 자문을 진행했는가?	☐ Yes ☐ No

3. 핵심 인재와 저성과자 관리 이슈

1	KPI 실적, 평가 결과, 근무 태도 등 성과 차이에 따른 명확한 기준과 근거 자료(평가표, 성과 보고서, 보상 기준표 등)를 보관하고 있는가?	☐ Yes ☐ No
2	보상 차등은 합리적인 이유에 따라 이루어졌는가?	☐ Yes ☐ No
3	저성과자에 대한 충분한 성과 개선 노력(PIP 포함)이 있었는가?	☐ Yes ☐ No
4	저성과자 조치 전, 업무 적합성 및 개선 가능성 등에 대해 충분한 평가가 이루어졌는가?	☐ Yes ☐ No
5	평가 및 후속 조치 과정에서 직장 내 괴롭힘 발생 소지를 방지했는가?	☐ Yes ☐ No

4. 통상임금 및 평균임금 이슈

1	해당 임금 항목의 액수는 평가 결과와 무관한가?	☐ Yes ☐ No
2	해당 임금 항목은 최하 등급을 받을 경우라도 일정 액수가 보장되는가?	☐ Yes ☐ No
3	해당 임금 항목은 정기적으로 제공되는가?	☐ Yes ☐ No
4	해당 임금 항목의 재원은 기업 이익 기준으로 마련되는가?	☐ Yes ☐ No
5	해당 임금 항목의 지급 의무 여부가 취업규칙, 단체협약, 근로계약서 등 문서에 명시되어 있는가?	☐ Yes ☐ No

5. 조직 운영 및 갈등 예방 이슈

1	새로운 평가 방식 도입 시 구성원의 이의 제기 제도가 마련되어 있는가?	☐ Yes ☐ No
2	평가자에 대한 교육, 피평가자에 대한 제도 안내가 충분히 이뤄졌는가?	☐ Yes ☐ No
3	성과에 대한 피드백 또는 코칭 시스템이 병행되고 있는가?	☐ Yes ☐ No
4	과도한 평가 스트레스 또는 저성과자 낙인 문제가 발생할 가능성은 없는가?	☐ Yes ☐ No
5	변경에 따른 구성원들의 불만, 노조 반응 등을 사전에 파악했는가?	☐ Yes ☐ No

6. 노란봉투법에 따른 교섭 의무 이슈

1	우리 회사 노동조합이 인사 및 경영권에 대한 교섭을 요구하고 있는가?	☐ Yes ☐ No
2	KPI 개선을 통해 근로자들의 목표 수준이 높아져 목표 달성 가능성이 낮아졌는가?	☐ Yes ☐ No
3	KPI 개선을 통해 근로자들의 지표가 새롭게 부여되거나 추가적인 근로 시간 투입이 필요해졌는가?	☐ Yes ☐ No
4	KPI 평가의 결과가 기본급, 성과급, 승진, 승호 등에 연계되는가?	☐ Yes ☐ No
5	평가 외의 인사 및 경영 사항(채용, 배치 전환, 경영자 선정, M&A, 매각 등)에 대해 노조와 합의해 온 관행이 있는가?	☐ Yes ☐ No

마치며

이 책을 통해 KPI에 대한 개념적 정의부터 도출 방법과 설계, 업종 및 직무별 운영과 활용까지의 전 과정을 체계적으로 정리하고자 하였습니다. 기업 인사 담당자뿐만 아니라 실제 KPI를 기반으로 담당 업무에서의 성과를 창출하는 모든 구성원이 함께 읽음으로써 기업 생산성을 높이는 데 이 책이 조금이라도 도움이 되기를 진심으로 희망합니다.

KPI는 단순히 성과를 측정하는 지표를 넘어, 조직의 전략을 실행에 옮기고 구성원의 업무 방향성을 명확히 제시하는 도구입니다. 따라서 KPI를 이해하는 것은 단지 평가 제도를 잘 운용하기 위한 목적에만 그치지 않습니다. 이는 궁극적으로 직무 정비, 성과 기반 보상, 육성, 동기 부여 등 인사 관리의 전 영역과 유기적으로 연결됩니다. KPI를 잘 설계하고 운영하는 조직은 구성원에게 명확한 기대를 전달할 수 있으며, 공정한 평가와 보상을 통해 조직의 몰입도와 생산성을 동시에 끌어올릴 수 있습니다. 무엇보다 KPI는 '무엇을 성과로 보아야 하는가'라는 조직 철학을 내포하고 있다는 점에서, 단순한 관리 지표가 아닌 조직 운영의 핵심 수단이자 방향타라 할 수 있습니다.

성과 관리의 궁극적 목적은 숫자를 채우는 데 있지 않습니다. 오히려 KPI는 구성원이 자신의 역할과 목표를 명확히 인식하고, 의미 있는 업무 성과를 통해 스스로 성장할 수 있도록 돕는 나침반이어야 합니다. 이 매뉴얼을 바탕으로 조직의 성과 관리 체계가 단지 관리의 수단이 아닌 구성원 성장의 토대가 될 수 있기를 기대합니다.

앞으로도 KPI와 성과 관리 제도는 변화하는 경영 환경 속에서 지속적으로 진화해야 합니다. 본 책이 조직의 현재와 미래를 연결하는 '성과 관리의 길잡이'로서 기능하길 기원합니다.

한 권으로 끝내는 KPI 실무 노트
모든 조직과 직장인을 위한 성과관리의 기술

초판 발행	2025년 9월 30일
펴낸곳	현익미디어
발행인	현호영
지은이	최정욱
편 집	황현아
디자인	유어텍스트, 곰곰사무소
주 소	서울특별시 마포구 월드컵북로58길 10, 더팬빌딩 9층
팩 스	070.8224.4322
ISBN	979-11-94793-23-6 (93320)

* 출판사의 허가 없이 본 도서를 편집 또는 재구성할 수 없습니다.
* 잘못 만든 책은 구입하신 서점에서 바꿔 드립니다.

> 현익미디어는 골드스미스 출판그룹의 전문직 도서 전문 브랜드입니다.
> 좋은 아이디어와 제안이 있으시면 출판을 통해 가치를 나누시길 바랍니다.
> hyunik@doowonart.com